ACCOMPAGNER LES DEVOIRS

COMMENT FAIRE LES DEVOIRS QUAND ON EST PARENT OU ACCOMPAGNANT

Frédéric Rava-Reny

ACCOMPAGNER LES DEVOIRS

Comment faire les devoirs quand on est parent ou accompagnant

Noématique – tome 6

DANGER
LE
PHOTOCOPILLAGE
TUE LE LIVRE

Aux enfants pour qu'ils gardent leur joie d'apprendre

Aux jeunes pour qu'ils la retrouvent

Et à tous ceux qui les accompagnent sur ce chemin

Mes remerciements :
- aux groupes « Consciences corses » et « Vocations corses », sous la bienveillante direction d'Éric Montès et Natacha Dellard
- à Georges Charles de l'école San Yi Chuan
- à Marie-Renée Rollet
- à toute l'équipe d'IFeP

Avant-propos

Voici un livre
pour les parents,
pour les personnes qui accompagnent le travail scolaire ou universitaire,
pour les professionnels intéressés par la pédagogie, enseignants ou non,
pour les jeunes désireux d'en savoir davantage sur ce que l'on attend d'eux chaque jour en dehors des cours.

J'ai essayé de le rédiger dans un langage accessible à tous.

Vous pouvez le lire indépendamment des cinq tomes précédents de la série. Ceux qui les ont lu trouveront bien sûr des répétitions : souhaitons leur qu'au-delà du désagrément d'une redite cela leur servira de révision. À ce jour, seul le premier tome de la série est disponible au grand public (les autres suivront) : j'ai voulu sans tarder publier ce sixième tome, à l'utilité immédiate.

Ceux qui me connaissent savent que je me nourris des échanges, alors n'hésitez pas à partager vos impressions, vos réflexions, et vos éventuelles corrections car malgré le soin apporté à la réalisation de cet ouvrage, il contient inévitablement des erreurs.

Ces erreurs qui nous permettent de continuer d'apprendre, de grandir et de rencontrer des personnes bienveillantes qui prennent le risque de nous corriger.

Bonne lecture.

Frédéric Rava-Reny

TABLE DES MATIÈRES

Introduction

– C'est intéressant ce que tu dis. Tu ne pourrais pas nous faire quelque chose pour nous les parents, pour les devoirs, pour les enfants ?...
C'était le cri du cœur d'un parent, stagiaire dans une de mes formations. Alors j'ai construit une formation exprès pour les parents, et tous ceux qui accompagnent les devoirs. Pour leur faciliter le travail, j'avais élaboré un mode d'emploi, sous forme de livret. C'est maintenant le livre que vous tenez entre les mains.
Grâce aux échanges avec les élèves, aux retours des stagiaires, et maintenant des lecteurs, je continuerai de l'améliorer, suivant les conseils de Boileau : vingt fois sur le métier je remettrai mon ouvrage.

L'enjeu ? Accompagner les devoirs, pour favoriser la réussite des jeunes. Nous souhaitons la réussite des jeunes et leur épanouissement. Nous leur souhaitons de réussir leurs contrôles, leurs examens, leurs concours. Or, au moment de l'épreuve, nos souvenirs seront notre seul appui. Accompagner les devoirs, ce n'est pas aider à noircir les cahiers et parfois aussi son âme d'amertume, c'est aider chacun à devenir acteur de son propre apprentissage en l'invitant à fabriquer volontairement et consciemment des souvenirs, dont le nom technique est « évocation ». Nos souvenirs forgent notre identité : aider l'autre à en créer c'est l'aider à renouer avec lui-même.

Alors comment faire ? Les choses n'ont que l'apparence de la simplicité. Dès lors que nous voulons accompagner notre enfant, tout devient moins simple. Et guère davantage avec un élève qui vient nous voir. La bonne volonté, sans doute nécessaire, est loin d'être suffisante. Nous en faisons l'expérience au fil des devoirs qui peuvent, jour après jour, se transformer en une inévitable corvée. Sans en arriver à cette extrémité, hélas beaucoup plus fréquente que ce que l'on croit, mais qui s'en soucie ?, nous pouvons transformer les devoirs en temps d'échanges où parents et enfants, jeunes et accompagnants, vont tisser leur relation de confiance mutuelle, et découvrir des trésors insoupçonnés d'intelligence et de patience. Car le parent comme l'accompagnant sait être patient : il ne sait plus comment, mais il le peut. Idem, le jeune ou l'enfant peut être intelligent, il a simplement perdu le contact avec sa propre pensée.
Pour apprendre à renouer avec son intelligence et sa patience, il nous faut un peu de technique. Ce sera celle des neuf niveaux d'accompagnement présenté dans cet ouvrage.

Neuf niveaux, me direz-vous, *c'est beaucoup !*

Oui, et c'est aussi le problème : avant de commencer les devoirs, il y a cinq niveaux préparatoires. Et une fois les devoirs terminés, il y a trois niveaux supplémentaires pour les transformer en tremplin vers la réussite.

Ce qui veut dire que la plupart du temps, nous commençons d'emblée au niveau 6. De quoi expliquer bien des difficultés.

Mettons les choses en ordre. Avant de se lancer dans le travail, il faut être disponible. C'est le niveau 1. Il faut savoir ce que l'on nous demande : c'est le niveau 2. Il faut être sûr(e) de ce que l'on nous demande. C'est le niveau 3. Il faut comprendre ce que l'on nous demande : c'est le niveau 4. Il faut également avoir de quoi faire ce que l'on nous demande, le matériel mental. Pour colorier, il faut des feutres, des crayons, de la peinture, etc., c'est la même chose pour le matériel cognitif : pour faire tel exercice, il faut quoi ? Quelle définition ? Quelle propriété ? Quelle connaissance ? etc. C'est le niveau 5.

Enfin, on fait l'exercice : c'est le niveau 6.

On trouve la méthode utilisée, niveau 7. On vérifie que cette méthode est la bonne, niveau 8. On s'imagine utiliser la méthode en contrôle, car on se rend compte qu'elle n'est pas universelle : elle sert à tel type d'exercices et pas tel autre pour lequel il y a une autre méthode. C'est le niveau 9.

Cela peut sembler bien étrange car il s'agit d'opérations mentales que dissimule l'intérieur de notre crâne. Illustrons-les par un exemple concret. Prenons une situation réelle où ces neufs niveaux existent : des amis viennent dîner, comment faire pour les recevoir honorablement ? Les neuf niveaux apparaîtront également comme des ceintures de karaté, de la blanche à la noire. Commençons.

① Votre table de la salle à manger est encombrée de divers objets, vous allez la débarrasser. Vous allez faire un peu de ménage. C'est le premier niveau, c'est « préparer le terrain ». En karaté, c'est la ceinture blanche.

② Votre intérieur est prêt. Mais que dînent vos amis ? Y a-t-il des allergies ? des interdits alimentaires ? Vous voulez passer une bonne soirée en leur compagnie. L'idée n'est pas de finir aux urgences à cause d'un choc anaphylactique (le truc que l'on a quand une allergie tourne mal), ni de la transformer en débat sur ce qui est bien ou mal de manger. La question est de savoir que mangent vos amis, et ce qu'ils aimeraient manger. C'est le deuxième niveau, la ceinture jaune : « identifier l'objectif ».

③ Pour savoir ce qu'ils mangent, vous leur téléphonez. Vous leur parlez mais au moment précis où ils vous disent ce qu'ils ne peuvent pas manger, un frelon vous frôle pour repartir aussitôt. Vous êtes hors de danger mais ce que vos amis vous ont dit est sorti de votre tête à supposer qu'il y soit entré. Il ne suffit pas d'identifier l'objectif, il faut également « intérioriser l'objectif ». C'est le troisième niveau, la ceinture orange.

④ Tout content, vous allez voir un de vos proches pour lui annoncer la nouvelle. « Mes amis viennent dîner. Ils aiment manger … » et là, patatras, vous avez oublié. Eh oui, ça arrive, car en plus d'intérioriser, il faut « stabiliser l'objectif ». J'utiliserai plus loin une formulation en réalité équivalente : « tenir sa position ». C'est le quatrième niveau, la ceinture verte. Là on tient le nom de la recette.

⑤ Maintenant, c'est bon, vous avez écrit ce que vos amis vous avaient dit, donc vous pouvez commencer. Mais non, vous ne pouvez pas commencer, car avant de se lancer dans une recette, il faut deux choses :
- les ingrédients ;
- les ustensiles (et la façon de s'en servir).
Peu importe comment on s'y prend, il arrive un moment où nous sommes arrivés à « préparer l'exercice » ou « mobiliser ses connaissances ». C'est le cinquième niveau, la ceinture bleue.

⑥ C'est bon, vous avez tout. Vous vous lancez dans la recette. C'est le sixième niveau, la ceinture mauve, « faire l'exercice ».

⑦ Vous goûtez pour voir si c'est bon ou non. « Vérifier » ou « clarifier les moyens d'agir », c'est le septième niveau, la ceinture brune.

⑧ Ça n'a pas le goût souhaité : vous modifiez quelque chose. « Apprendre de ses erreurs » qui permet d'« agir en conscience » est le huitième niveau, la ceinture rouge.

⑨ Maintenant, c'est bon. Votre préparation s'est bien passée. Vous avez passé un bon moment avec vos amis. Et là, surprise, ils vous disent qu'ils reviennent la semaine prochaine avec le patron qui va adorer vos plats. Vous avez vu ce qu'il fallait améliorer et comment, vous imaginez correctement ce que vous ferez pour ce prochain dîner. « Préparer la réussite » est le neuvième niveau, la ceinture noire.

Voici les neufs niveaux présentés rapidement : la suite du livre les présente avec davantage de détails.
Les lycéens, ou les lycéens et les collégiens assez grands pour s'accompagner eux-mêmes, pourront lire également cet ouvrage[1]. Ils pourraient y trouver le moyen fondamental utilisé lors de l'accompagnement de soi ou des autres : **solliciter la pensée et** de **la développer**.

Bonne pratique et à bientôt le plaisir de lire votre commentaire de ce livre que j'ai écrit pour vous !

Frédéric Rava-Reny

---

1 C'est en pensant à eux que j'ai mis en note de bas de page le sens de certains mots français qu'ils pourraient ignorer.

ACCOMPAGNER LES DEVOIRS

Niveau 1

Il faut être disponible

Avant de commencer le travail, préparer le terrain

Ceinture blanche

Niveau 1

Niveau 1 : Il faut être disponible – Avant de commencer le travail, préparer le terrain.

Niveau 2 : Il faut savoir ce que l'on nous demande – Identifier les devoirs à faire, identifier l'objectif.

Niveau 3 : Il faut être sûr(e) ce que l'on nous demande – Intérioriser l'objectif.

Niveau 4 : Il faut comprendre ce que l'on nous demande – Avoir l'assurance de ce qui est demandé.

Niveau 5 : Il faut avoir de quoi faire ce que l'on nous demande – Mobiliser ses connaissances.

Niveau 6 : Faire ce qui est demandé – Commencer le travail.

Niveau 7 : On trouve la méthode utilisée – Clarifier les moyens d'agir.

Niveau 8 : On vérifie que cette méthode est bonne – Agir en conscience.

Niveau 9 : On s'imagine utiliser cette méthode en contrôle – Préparer la réussite.

On construit une maison sur des fondations. Tout travail bien exécuté nécessite une préparation.

Les devoirs n'échappent pas à la règle : il faut préparer le terrain.

Mais quel terrain ? Et comment ?

C'est ce que nous verrons avec la première sous-partie.

De la même façon, chaque action que nous accomplissons est présidée par un état d'esprit : quel est l'état d'esprit le plus efficace pour travailler avec quelqu'un, surtout avec notre enfant ?

Ce sera la deuxième sous-partie.

Enfin, avant chaque séance sportive comme au début de chaque pratique musicale, il y a un moment d'échauffement.

La troisième sous-partie indiquera un échauffement idéal au travail.

Ce premier niveau sera la ceinture blanche. Il consiste en :

1. Nourrir le ventre.
2. Pacifier le cœur.
3. Voir l'autre tel que nous aimerions qu'il soit.
4. Préparer le cerveau.

1.1. Nourrir le ventre – Ventre affamé n'a pas d'oreilles...

Le modèle de Paul MacLean[2] sur le cerveau nous permet de rendre notre travail plus efficace. Ce neuroscientifique américain montre l'existence de trois étages dans le cerveau avec chacun des besoins spécifiques. Lors d'un apprentissage scolaire, sportif, artistique, technique, scientifique ou musical, nous devons avoir accès facilement au troisième étage du cerveau. Comment rendre le passage par les deux premiers étages plus faciles ?

Le premier étage, le complexe reptilien, gère les besoins organiques : manger, boire, dormir, avoir chaud, disposer d'un territoire, bouger, respirer...

Le second étage, le système limbique, gère les besoins affectifs.

Le troisième étage, le néocortex, gère les besoins intellectuels, et tout ce qui nous caractérise comme être humain[3].

En conséquence, il est important de goûter avant de travailler ou, au moins, de s'hydrater. Car, c'est bien connu, ventre affamé n'a pas d'oreilles !

Puis d'avoir un moment affectueux. Enfin, on se met au travail.

En résumé : **on goûte, on fait un câlin, on bosse**.

Mais un moment affectueux, c'est quoi au juste ?

1.2. Pacifier le cœur – Un moment d'échanges affectifs

Souvent les parents tentent un moment d'échanges affectueux avec leurs enfants en leur demandant « Qu'as-tu fait aujourd'hui ? ». Mais, ces derniers vivent parfois ce moment comme un interrogatoire... et se débrouillent pour le faire tourner court.

À la place, nous pouvons utiliser un exercice issu de la méthode Potentialis®[4] où chaque personne, adulte ou jeune, **répondra à tour de rôle** aux trois questions suivantes :

1) Quand je pense à ma journée d'aujourd'hui, quelle est la première

---

2 Paul Donald McLEAN, chercheur américain.

3 Vous en trouverez une centaine de témoignages sur ce que peuvent être les besoins intellectuels dans le premier ouvrage de cette série, *Les 32 joyaux de la pensée*.

4 Méthode d'orientation et de réorientation professionnelle, basée sur la détection des points forts de la personne, mise au point par Marie-Renée Rollet, diffusée par Mm2i, et dont l'auteur est un utilisateur confirmé.

chose ou les premières choses qui me reviennent (à l'esprit) ?
C'est le **flash de la journée**.
2) Qu'est-ce que j'ai trouvé d'intéressant aujourd'hui ? Au moins une chose.
C'est le **truc intéressant.**
3) Qu'est-ce qui m'a fait rire ou sourire ou m'a amusé ? Au moins une chose. C'est le **bon moment**.

Dans cet exercice, comme dans toute notre approche d'une façon générale, il est important d'accueillir les réponses de l'autre, sans faire de commentaires ou porter de jugement. Même, et surtout !, si le jeune nous fait part d'un acte répréhensible dans ses réponses, ce n'est ni le lieu ni le moment de juger. Nous pouvons toujours garder en mémoire ce qui nous semble intrigant, invraisemblable, incorrect, immoral, immature (tout ce que nous voudrons) dans sa réponse, et revenir sur le sujet à un autre moment et à un autre endroit. Mais prenons garde : il ne faudra pas s'étonner si le jeune nous en dit moins sur ce qui lui tient à cœur… Si le jeune nous a ouvert son cœur, ce n'est pas pour que nous le piétinons. Alors marchons sur la pointe des pieds !
Délicat exercice de la parentalité ou du rôle d'éducateur…

Si parler est difficile pour l'enfant ou l'adulte, il existe d'autres moyens d'expression[5]. Au lieu de parler, on peut écrire ou dessiner. On peut trouver ou fabriquer des objets. On peut mimer ou danser. On peut trouver ou composer une chanson ou un air de musique qui correspond à ce que nous voulons exprimer.
Prenons l'exemple des objets. Au lieu de dire « Dis-moi ce que tu as trouvé intéressant aujourd'hui », ce sera « Trouve-moi un objet qui représente ce que tu as trouvé intéressant aujourd'hui. ».
Cela peut-être un objet, une image, une photo, un dessin, et pourquoi pas un être vivant !

En famille, pendant les vacances, nous pouvons développer cette pratique. Cela peut être un temps d'échanges où à tour de rôle chacun répond à une des trois questions. Cela peut aussi se transformer en la création d'un album recueillant les mots ou les phrases de chacun, les objets ou les dessins, voire les photos ou les vidéos des contributions de chaque membre de la famille.

Pour revenir et terminer sur cet échange à l'oral autour des trois questions (le flash de la journée, le truc intéressant, le bon moment), nous pouvons chercher dans d'autres champs sensoriels des façons de

---

5   Cf. *Les 32 joyaux de la pensée*, pp. 130 – 146 sur les modes d'expression.

nous exprimer.

Par exemple, en utilisant le goût : il y a aura les moments sucrés de la journée, les notes salées, les passages amers, les remarques acides… et les fades ennuis.

Cette sollicitation des cinq sens aide la mémoire : vous la retrouverez dans la sous-partie « Nommer un exercice » au niveau 9.

Toutes ces pratiques visent à nourrir le ventre et pacifier le cœur. Voyons maintenant comment notre façon de voir l'autre le transforme, pour le meilleur et pour le pire !

1.3. Voir l'autre tel que nous aimerions qu'il soit

Imaginer votre enfant intelligent l'aide à le devenir. L'imaginer stupide le rend idiot. Que choisissez-vous ?

Robert Rosenthal dans des expériences devenues célèbres témoigne de cette réalité : **notre façon de pensée modifie la réalité**. Voyons de plus près son histoire car elle nous concerne, nous et les personnes que nous accompagnons. Je reproduis ici un de mes articles avec ses notes de bas de page afin qu'un collégien puisse lire et les curieux approfondissent la lecture.

Notre façon de pensée modifie la réalité

Croire en l'autre l'aide à réussir

Des rongeurs plus intelligents si on croit en eux…. des élèves aux meilleurs résultats si on pense qu'ils peuvent y arriver : les recherches de Rosenthal montrent comment notre façon de voir le monde le modifie.

Dans les années 1960, Rosenthal[6] dirigea une expérience capitale[7] avec deux groupes de six étudiants de la façon suivante : chaque étudiant apprend à un rat à traverser un labyrinthe pour rongeurs et ensuite on

---

6   Robert Rosenthal, né en 1933, enseigne la psychologie à Université Riverside de Californie
7   capitale : importante

chronomètre[8] la traversée pour chaque animal.

Mais alors que tous les rats de l'expérience sont identiques, Rosenthal fait croire aux six premiers étudiants qu'ils ont chacun des « super-rats », sélectionnés pour leur intelligence exceptionnelle, et aux six autres étudiants que chacun de leur rat est taré[9] et qu'il n'y a pas grand chose à en attendre. Alors, quels résultats obtient-on ? Seront-ils identiques comme les douze rats en réalité ? Ou la croyance que l'on porte dans la capacité d'apprendre influence-t-elle les choses ?

Eh bien les soi-disant super-rats ont d'excellents résultats, tandis que les pseudo-tarés ont des résultats faibles, certains ne franchissent même pas la ligne de départ pour se rendre dans le labyrinthe...

Tous ces rats étant pourtant identiques, Rosenthal rechercha l'origine de ces différences.

Elle se trouve dans la façon dont les personnes ont évoqué[10] leurs animaux. Les étudiants croyant leurs rats intelligents les ont traités en conséquence. Ils ont été sympathiques, chaleureux et amicaux avec eux, les autres moins – jusqu'à antipathiques, froids ou inamicaux. C'est juste la façon dont on a considéré, dont on a pensé les rats qui a changé et du coup la façon d'entrer en relation avec eux.

Ces résultats sont importants.
« *Cela serait-il semblable avec des humains ?* », s'interroge le professeur Rosenthal. Il renonce à faire croire que certains élèves sont nuls : si d'aventure[11] cela marchait comme avec les rats, leurs résultats risqueraient baisser. Peut-être certains ne viendraient même plus à l'école !

Il va donc faire l'expérience en faisant croire à des enseignants qu'ils ont de super élèves, pour voir si cela modifie, ou non, les résultats.

Croire en la possibilité de bons résultats, d'en attendre, va-t-il favoriser leur apparition[12] ? Si oui, les élèves seront bénéficiaires. Sinon, on ne déplorera aucun méfait.

------

8   chronométrer : mesurer le temps

9   taré : ici, dans les deux sens du mot : ① qui a une tare et ② fou, ridicule, stupide

10 évoquer (noématique, gestion mentale) : ici la façon dont la personne a pensé à l'animal, la représentation qu'il s'en donne, la façon dont il le considère

11 si d'aventure : si jamais

12 Ce genre de phénomène où la croyance en quelque chose l'engendre s'appelle « prophétie auto réalisatrice ». Le proverbe tibétain « Avec de la vénération, même d'une dent d'un chien peut jaillir la lumière » décrit un fait identique, cf. Alexandra David-Néel, *Mystiques et magiciens du Tibet*, Plon, 1929, pp. 302–4

Rosenthal choisit alors une école difficile[13] dans un quartier très pauvre où vivent de nombreux immigrés. Il se fait passer pour un professeur d'une prestigieuse université[14], menant une recherche sur l'idée que l'intelligence est innée[15] mais peut prendre du temps pour se manifester[16] : certains élèves auraient ainsi de mauvaises notes car leur intelligence n'a pas encore assez mûrie, mais cela changera avec le temps.

Rosenthal fait donc passer des tests à des jeunes (pour revenir les faire en fin d'année).

Et pour un jeune sur cinq, il leur met d'excellents résultats à la place des vrais.

Pour faire croire aux professeurs qu'ils ont de « super élèves », il met tous les résultats – dont les truqués – dans une enveloppe avec une lettre destinée à un chercheur universitaire mais fait semblant de se tromper d'adresse en mettant celle de l'école. Croyant à une erreur de courrier, les professeurs sont ainsi au courant des résultats.

À la fin de l'année scolaire, Rosenthal revient faire les tests aux élèves. Les soi-disant « super élèves » ont mieux progressé que les autres, tant scolairement que sur les tests.

Les enseignants ont considéré autrement ces élèves et cela a changé les choses.

Croire en l'intelligence de l'autre l'aide à réussir à la montrer. Il en est de même pour nous. En chacun de nous sommeille une intelligence unique, une vision originale du monde et de la vie. Croire en notre grandeur nous aidera à l'accomplir. Alors… croyez-y et bonne pratique. ;-)

L'effet Rosenthal montre l'importance de croire dans les capacités de la personne que nous accompagnons, surtout si c'est notre enfant !

Après avoir nourri le ventre et pacifié le cœur, imaginé l'autre tel que nous aimerions qu'il soit (ou nous-même si nous travaillons en autonomie), il est temps maintenant de préparer le cerveau, comme on échauffe les muscles avant de s'en servir.

---

13 Oak School, en français, « l'école des chênes », peut-être parce que les élèves passaient pour des glands… ;-)
14 Harvard
15 inné : qui est là à la naissance, qui ne s'apprend pas
16 théorie de l'éclosion tardive du QI

1.4. Préparer le cerveau

Comment préparer le cerveau à un travail efficace ? Selon le temps dont vous disposez, vous commencerez par une pratique différente.
– Vous disposez de beaucoup de temps, un quart d'heure ?
→ On forge la routine (1.4.1.).
– Vous n'avez pas du tout de temps, soit une minute ?
→ On s'échauffe pour l'exercice (1.4.2.).
– Vous avez un peu de temps, au minimum cinq minutes ?
→ On pratique sur la journée (1.4.3).

1.4.1. Nous avons du temps : forgeons une routine de début de travail

Comme nous apprenons sans doute mieux avec notre cerveau que sans, autant connaître un peu son fonctionnement. Juste ce qu'il faut pour commencer efficacement une activité[17].
Dans cette section, il s'agit de forger une habitude de travail, une routine de début de travail qui prend environ un quart d'heure par jour d'école (collège, lycée, etc.).
Si vous manquez de temps, passez à la section suivante, et revenez sur cette section lorsque vous serez débarrassé(e) de l'urgence qui vous harasse. On n'apprend pas à nager quand on est en train de couler !
Si au contraire vous vous êtes débrouillé(e) pour disposer d'un peu de temps, vous pouvez alors faire ce qui est important avant ce qui est urgent, à savoir, forger une habitude. C'est quand il fait beau qu'il faut réparer le toit comme le suggérait Kennedy[18].

Quelle est donc cette habitude à forger ? Sa raison se trouve dans l'activité neuronale nocturne. Pendant le sommeil, pendant que vous dormez sur vos deux oreilles, votre cerveau travaille. Il trie tout ce qu'il a reçu comme information par les cinq sens. Tout ce qui n'a pas été pensé, ou ce qui a été pensé seulement une fois, est jeté aux oubliettes. Tout ce qui a été pensé au moins deux fois est mis en attente. Et si nous avons pensé, consciemment, à une chose trois fois, elle est mise de côté pendant une semaine. Si dans la semaine nous y repensons trois fois, ce sera disponible pendant un mois, le palier suivant de la mémorisation. Repensons-y encore trois fois dans le mois, et voici cette chose

---

17 Pour les curieux, un autre ouvrage en préparation parle des trois trucs bon à savoir le cerveau.

18 *Le meilleur temps pour réparer sa toiture, c'est quand le soleil brille*, John Fitzgerald Kennedy, Deuxième message sur l'état de l'Union, 11/01/1962.

disponible pendant six mois[19]. Recommençons et ce sera alors pour une année, puis deux, etc.

Que se passe-t-il si nous ne repensons pas aux cours que nous avons suivi dans la journée ? Leurs souvenirs s'estompent jusqu'à se recouvrir des voiles de l'oubli. Il nous faudra alors les reconstituer : perte de temps et d'énergie, et source profonde de démotivation. Nous aurons l'impression d'assister aux cours bien inutilement puisque nous n'en gardons aucune trace.

Pour profiter de la vivacité de souvenirs du jour, et éviter cet évanouissement, nous pouvons repenser à ce que nous avons fait dans notre journée.

La routine de début de travail consiste à accorder trois minutes par matière suivie dans la journée. Si nous avons eu deux heures de maths, , une d'anglais, une de français et deux d'histoire, cela fait seulement quatre matières (maths, anglais, français, histoire). La routine prendra alors quatre fois trois minutes, soit douze minutes en tout.

En général, nous n'avons pas plus de six matières par jour : la routine ne prendra pas plus de dix-huit minutes dans ce cas.

Qu'allons-nous faire de ces trois minutes accordée par matière ?

Commençons par nous souvenir des cours de la journée (français, maths, histoire, etc.). Puis pour chaque matière, nous allons :

- prendre **une première minute**, cahier fermé, en nous appuyant seulement sur notre mémoire, pour **repenser à ce qui s'est passé dans le cours** ;

- puis prolonger cette remémoration **par deux minutes de lecture par couches** de notre cahier ou classeur.

Qu'est-ce que lire par couches ?

C'est se donner une vue d'ensemble avant d'aborder les détails. Comment ?

Lire le titre : c'est la première couche.

      TITRE

Lire ensuite le titre et le nom de chaque grande partie (I, II, III, etc.), la seconde couche.

      TITRE
         I. …
         II. …
         III. …

Lire alors le titre, le nom de chaque partie, et celui de chaque sous-partie

---

19 Sur les paliers de la mémorisation : voir le tome 3.

(I.1, I.2, I.3, II.1, II.2, III.1, III.2, III.3...) : c'est la troisième couche.

```
        TITRE
          I. …
            1. …
            2. …
            3. …
          II. …
            1. …
            2. …
          III. …
            1. …
            2. …
            3. …
```

Recommencer en ajoutant la quatrième couche, le nom de chaque section : I.1.a, I.1.b, etc.

```
        TITRE
          I. …
            1. …
              a. …
              b. …
            2. …
            3. …
              a. …
              b. …
          II. …
            1. …
            2. …
              a. …
              b. …
              c. …
          III. …
            1. …
            2. …
            3. …
```

Éventuellement poursuivre avec la cinquième couche, le nom de chaque sous-section, etc.

Pourquoi est-ce efficace ? En lisant habituellement du début jusqu'à la fin, votre cerveau sait qu'il y a un petit c du petit 2 du grand II alors qu'il n'est même pas au courant qu'il y a un grand III. Il y a mieux en matière de rangement. Vous avez dû déjà remarqué que nous mémorisons mieux ce qui est ordonné que ce qui ne l'est pas, non ?… Mais reprenons.

Dans le cadre de cette routine, il s'agit de chronométrer le temps de

lecture afin qu'il n'excède pas deux minutes. Nous voulons stimuler notre mémoire et notre cerveau sur les cours suivis dans la journée, dont nous avons quand même quelques traces. Avec la pratique, les souvenirs seront plus nombreux, ou reviendront plus vite, ou seront plus clairs. La lecture par couches sera plus rapide, ou plus efficace ou plus intense.
Par effet retour[20], nous gagnerons en clarté d'esprit pendant le cours... car notre cerveau sait que nous lui demanderons un compte-rendu de la journée, et constituera le matériel nécessaire pour répondre à cette nouvelle habitude de travail.

Les adeptes des cartes mentales[21] ou des schémas heuristiques (ancien nom des cartes mentales) procèdent à une activité équivalente lorsqu'ils dressent une carte du cours :
– le TITRE est au centre ;
– les parties sont les branches ;
– les sous-parties sont les sous-branches ; etc.
Plus on va vers la périphérie, et plus nous rencontrons les détails.
Plus on va au centre, plus nous rencontrons l'essentiel.
Dans le cadre de la routine de début de travail, il s'agit de préparer le cerveau en lui allouant trois minutes par matière. Remplacer la lecture par couches par la réalisation d'une carte mentale est possible, à condition que cette réalisation soit la plus brève possible, quelques minutes au maximum. Autrement nous basculons dans un travail de révision ou de constitution de fiches, ce qui est, pour n'en être pas moins important, une autre activité. Ici, il s'agit de préparer le cerveau.

Pour préparer le cerveau, on peut se remémorer le cours assis, mais aussi en marchant, en étant debout, etc. On peut ainsi alterner une minute où l'on bouge, et deux minutes assis(e) de lecture par couches.
Ici, nous respecterons bien le temps imparti de deux minutes de lecture par couches, même et surtout si nous devons revoir un cours pour le lendemain : nous le ferons après la routine de début de travail, dans le cadre des devoirs proprement dit.

Prenons un exemple pour fixer les choses.
Disons que le lundi, notre plus grosse journée, après sept heures de cours, nous rentrons à la maison à 17 h 30. Accordons-nous quinze minutes pour goûter, cinq minutes pour deviser[22], nous pouvons commencer la routine à 17 h 50.

---

20 rétroaction ou *feedback* en français
21 en français *mind map*, ou pire *mind mapping*
22 deviser : converser familièrement ; en anglais : *to chat*, comme dans le québecois *clavardage*

17 h 50	Pendant une minute, nous nous souvenons des matières de la journée : le matin, 2 h de français, 1 h d'histoire, 1 h de physique, l'après-midi 2 h de maths et 1 h d'anglais. Nombre de matières : 5.
17 h 51	Une minute pour se souvenir du premier cours, le français, le cahier fermé devant nous.
17 h 52	Deux minutes pour lire par couches le cahier de français.
17 h 54	Une minute pour se souvenir du second cours, l'histoire, cahier fermé sur la table.
17 h 55	Deux minutes pour lire par couches le cahier d'histoire.
17 h 57	Une minute pour convoquer et accueillir les souvenirs du troisième cours, la physique, le classeur fermé devant nous
17 h 58	Deux minutes pour lire par couches les notes prises en physique.
18 h 00	Une minute pour se remémorer le quatrième cours, les maths, livre et cahier fermés posés sur la table
18 h 01	Deux minutes pour lire par couches les maths du jour
18 h 03	Une minute pour de mémoire se souvenir du cinquième cours de la journée, l'anglais
18 h 04	Deux minutes pour lire par couches les activités faites en anglais.
18 h 06	Commencement des devoirs à faire pour le lendemain, etc. (→ niveau 2)

Dernier point important, cette routine de début de travail est à faire tous les jours de classe, surtout le dernier, en général le vendredi, afin d'en garder des souvenirs frais et de ne pas attendre le lendemain que l'oubli ait fait ses effets. Un quart d'heure le vendredi soir peut être le seul travail à exiger du jeune que l'on accompagne (ou de soi-même).

Si nous n'avons pas le temps d'installer cette routine de début de travail, ou si nous n'avons pas le temps de la faire, alors nous procéderons seulement à la minute de remémoration des cours de la journée expliquée dans la section suivante.

1.4.2. Nous avons peu de temps : se remémorer son cours

Tandis que nous pouvons passer d'un sujet à un autre en un instant, le cerveau lui a besoin de dix minutes pour être efficace sur ce nouveau sujet. Il reste sur ce que nous faisions. Ainsi peu de temps après avoir raccroché notre téléphone, nous nous souvenons soudain de ce que nous devions dire et n'avons pas dit. Nous avons changé d'activité mais nos neurones échangent encore les informations sur l'activité passée. Notre cerveau ressasse ce qu'il faisait.

Autre exemple, sur le chemin du retour des courses, notre cerveau en retard nous envoie ce que nous devions acheter et avons oublié !

Sachant cela, si nous nous lançons, à corps perdu, dans les devoirs sans avoir préparé notre cerveau, les dix premières minutes seront inefficaces. C'est bien long. Alors que faire ?

Une pratique, dont l'extrême efficacité se cache derrière sa simplicité, permet de rendre le cerveau dispos[23] en une minute à peine.

Il suffit de **convoquer et d'accueillir les souvenirs dont on dispose sur ce que nous allons faire, et ce en soixante secondes**.

Se prépare-t-on à un exercice de maths ?

Sans relire sa leçon ou ses notes, de mémoire, on se souvient de ce que l'on a fait en maths pendant le cours (*convoquer*), de tout ce qu'il est possible de se souvenir, que ce soit « scolaire » ou non (*accueillir*). On mémorise mieux avec un contexte : tout ce dont nous nous souvenons du cours, même les anecdotes, n'est ni inutile ni un contre-temps. Tout ce qui a été vécu en cours enrobe, en les rendant plus vivants, le contenu formel du cours.

Pour préparer son cerveau aux devoirs à faire, nous pouvons faire la même chose. Prenons une minute pour se souvenir des cours de la journée passée, et pourquoi pas une minute supplémentaire pour retrouver de mémoire quels sont les cours du lendemain. Et si aucun souvenir ne pointe son nez à l'horizon ? Qu'importe, lorsque l'estomac est vide nous avons faim de saveurs. Lorsque le cerveau se rend compte de ne rien avoir, cela le met en appétit de savoirs.

Nous pouvons alors passé au niveau 2.

---

23 dispos : qui a toutes les dispositions voulues pour agir

1.4.3. Nous avons un peu de temps : se remémorer la journée

Sans avoir assez de temps pour forger une nouvelle routine, nous disposons d'une poignée de minutes. Assez pour passer la journée en revue. Des questions-réponses, de plus en plus précises, aideront le jeune à développer sa pensée.

Nous invitons le jeune à prendre soixante secondes pour convoquer et accueillir tous les souvenirs de sa journée. Il les exprimera à l'oral ou à l'aide d'autres modes d'expression (voir 1.2. *Pacifier le cœur*).

Imaginons-nous être un mardi. Nous pouvons choisir entre plusieurs formulations.
Exemples :
– « Aujourd'hui c'est mardi. Quels cours as-tu le mardi ? Pendant que les souvenirs reviennent, je chronomètre une minute. »
– « Quel cours as-tu eu aujourd'hui ? Prends soixante secondes pour retrouver le maximum d'informations sur tes cours. Tu me les diras après. »
– « Pourrais-tu repenser à ta journée d'aujourd'hui ? »
À chacun de trouver la formulation qui sied[24] au jeune.

Nous reprenons ensuite les réponses apportées, afin que le jeune ait comme un écho de ce qu'il vient de dire, et nous allons l'aider à renforcer sa pensée à l'aide de demandes de précision.
Exemples :
– « Et tu as maths le matin ou l'après-midi ? »
– « Et en maths c'était de l'algèbre, de la géométrie ?… »
– « C'était la suite d'une leçon ou bien une nouvelle ? »
– « Dans le cours que tu viens de me dire, le professeur a-t-il montré des cartes, des illustrations ? »

Nous pouvons également utiliser les trois questions présentées dans la section *Pacifier le cœur* et les appliquer dans un cours, quelques uns ou tous.
– « Et quand tu as pensé à tel cours, quelle est la première chose qui te soit revenue ? As-tu trouvé quelque chose d'intéressant ? As-tu trouvé quelque chose d'amusant ou d'intrigant ? »

Ce temps de remémoration et de précision des souvenirs peut se faire sur une base régulière, ou à l'occasion selon les disponibilités de chacun.

---

24 convient

Maintenant que le cerveau est apprêté[25], nous pouvons passer au niveau suivant. Il est temps de passer de la ceinture blanche à la ceinture jaune, la couleur du soleil et d'un nouveau jour.

---

25 apprêter : rendre prêt, préparer, mettre en état

Niveau 2

**Il faut savoir
ce que l'on nous demande**

**Identifier les devoirs à faire.
Identifier l'objectif**

Ceinture jaune

Niveau 2

Niveau 1 : Il faut être disponible – Avant de commencer le travail, préparer le terrain.

Niveau 2 : Il faut savoir ce que l'on nous demande – Identifier les devoirs à faire, identifier l'objectif.

Niveau 3 : Il faut être sûr(e) ce que l'on nous demande – Identifier l'objectif.

Niveau 4 : Il faut comprendre ce que l'on nous demande – Avoir l'assurance de ce qui est demandé.

Niveau 5 : Il faut avoir de quoi faire ce que l'on nous demande – Mobiliser ses connaissances.

Niveau 6 : Faire ce qui est demandé – Commencer le travail.

Niveau 7 : On trouve la méthode utilisée – Clarifier les moyens d'agir.

Niveau 8 : On vérifie que cette méthode est bonne – Agir en conscience.

Niveau 9 : On s'imagine utiliser cette méthode en contrôle – Préparer la réussite.

Reprenons le fil des échanges :
Après avoir nourri le ventre, pacifié le cœur, préparé l'esprit, nous posons la question : « As-tu des devoirs à faire ? ».

Aucun navire ne quitte le port sans connaître sa destination. Cette image nous rappelle l'importance de l'objectif[26]. Prolongeons-la. Nous avons préparé notre navire. Il est prêt. Il est prêt à partir. Mais vers où ?

Revenons à notre situation concrète. Nous avons nourri le ventre, pacifié le cœur, préparer notre esprit à accompagner l'autre à faire son travail, mais justement, quel est-il ce travail ? Une question simple dans sa formulation cherche à préciser l'objectif : « **As-tu des devoirs à faire ?** ».

La personne en face de nous, fut-elle notre enfant chéri, peut répondre qu'elle en **ignore** la réponse. Ou qu'elle **a oublié**. Ou mieux, elle **énonce** l'objectif à atteindre. Ce sont les trois types de réponses : la réponse de **l'ignorance**, celle de **l'oubli** et celle de **l'objectif**.

Chaque réponse de l'autre nous permet d'ouvrir une piste. Ces trois réponses ouvriront les pistes de l'autonomie, de la pensée et de la confiance. Reprenons.

---

26 Cf. également le chapitre sur l'objectif, *Les 32 joyaux de la pensée*.

Si l'autre ignore ce qu'il y a à faire, nous l'inviterons à mobiliser ses connaissances par la question de l'autonomie.

Ignorance → développer l'autonomie.

Si l'autre a oublié, nous solliciterons sa pensée.

Oubli → solliciter la pensée.

Si l'autre énonce un objectif à atteindre, nous vérifierons avec lui sa pertinence.

Objectif énoncé → vérifier la pertinence.

Examinons une à une les différentes pistes, après le tableau suivant.

	Types de réponses	*Piste à suivre*
	ignorance (2.1) Ex. : Je ne sais pas.	→ développer l'autonomie
« As-tu des devoirs à faire ? »	**oubli (2.2)** Ex. : J'ai oublié.	→ solliciter la pensée
	objectif (2.3) Ex. : J'ai à faire…	→ renforcer la confiance

2.1. Face à l'ignorance : l'autonomie

> Reprenons le fil des échanges :
> *Après avoir nourri le ventre, pacifié le cœur, préparé l'esprit, nous posons la question :* « As-tu des devoirs à faire ? ».
> *Face à la réponse de l'ignorance, du type* « Je ne sais pas. »*, nous allons suivre la piste de l'autonomie en évitant de tomber dans les pièges.*

Décontenancé par la réponse inopportune du jeune, confronté à l'ignorance, nous pouvons tomber dans trois grands pièges ou suivre la piste de l'autonomie avec trois grandes réponses. Présentons ces différentes parties avant d'en sonder les détails.

Commençons par les pièges. En quoi sont-ils des pièges ? Ils nous détournent de notre objectif. Et quel est-il ?

L'objectif fondamental de l'accompagnement est de rendre l'autre acteur de son apprentissage. Comment faire quand il ignore même jusqu'à ce qu'il y a à faire ? Ici, deux options : soit nous faisons à la place de l'autre, soit c'est l'autre qui fait.

Et c'est le premier piège : faire à la place de l'autre. Bien sûr, nous gagnerons du temps… sur l'instant ! Et parfois, cela est nécessaire car nous voulons nous débarrasser des devoirs pour préparer le dîner, ou tout simplement avoir la paix, etc. Cela peut être une bonne tactique[27], mais pas une bonne stratégie[28] ; ou dit autrement, ça marche sur le moment mais pas sur la durée.

Un autre piège fréquent est de changer d'objectif : au lieu de faire les devoirs, nous allons faire la morale ou autre chose.

Le troisième piège est le plus terrible : nous allons nous sentir coupable, ce qui non seulement ne sert à rien mais nous éloigne de notre objectif.

Nous regarderons de plus près dans la section 2.1.1 ces trois pièges des plus fréquents pour apprendre à les déjouer.

	Pièges	*Remèdes*
– As-tu des devoirs à faire ? – Je n'en sais rien. Au lieu de répondre par la question « ~~De quoi aurais-tu besoin pour savoir ?~~ », nous tombons dans les pièges. (2.1.1)	**faire à la place de l'autre (2.1.1.1)** Ex. : Apporter une réponse.	→ laisser faire l'autre
	changer d'objectif (2.1.1.2) Ex. : Pourquoi ?	→ laisser tomber ce qui vous éloigne de l'objectif (se taire !)
	se sentir coupable (2.1.1.3) Ex. : C'est ma faute.	→ revenir sur une pratique efficace

Résumé en tableau des pièges les plus fréquents

Une fois les pièges déjoués, puisque le jeune ignore la réponse, sollicitons sa pensée avec la question de l'autonomie : « De quoi as-tu besoin pour savoir ? ». En formation, il m'arrive de l'appeler la « prise cacahuète ».

Alors comment rendre l'autre acteur malgré sa réponse « Je ne sais pas. » ? Avec cette question qui est celle de l'autonomie : « De quoi aurais-tu besoin pour savoir ? ».

Nous venons de relancer le dialogue par une question. Nous interrogeons l'autre sur les moyens qu'il pourrait mettre en œuvre pour se sortir de son ignorance.

---

27 La tactique est la façon d'agir sur le terrain, de disposer, de manœuvrer, d'employer les moyens pour réussir sur le moment. Dit avec des termes de noématique, la tactique relève du *temps*. Cf. les tomes 1 et 3 de cette série.

28 La stratégie vise l'objectif final et consiste à préparer et diriger l'ensemble des opérations. Dit avec des termes de noématique, la tactique relève de *l'espace*. Cf. les tomes 1 et 3 de cette série.

Nous avons ainsi gardé notre équilibre et fait bouger l'autre, comme en judo ou dans les « arts martiaux[29] ».
C'est alors au jeune de parler. Quelle série de réponses va-t-il choisir ?
Celle de la **désorientation**, « Je n'en sais rien. » ?
Celle de la **méconnaissance**, « Je ne sais pas. » ?
Celle de l'**autonomie**, « J'aurais besoin de … » ?

Face à la **désorientation**, on répond par la **motivation**.
Face à la **méconnaissance**, on répond par la **connaissance**.
Face à l'**autonomie**, on répond par l'**accompagnement**.

	Types de réponses	*Piste à suivre*
– As-tu des devoirs à faire ? – Je ne sais pas. – De quoi aurais-tu besoin pour savoir ?	**désorientation** **(2.1.2)** Ex. : Je n'en sais rien.	→ redonner de la motivation
	méconnaissance **(2.1.3)** Ex. : Je ne sais pas.	→ renouer avec la connaissance
	autonomie **(2.1.4)** Ex. : J'aurais besoin de …	→ sécuriser et/ou accompagner

Résumé en tableau des réponses face à la question de l'autonomie

Développons les pistes pour avoir une vision complète de la suite.
- **Désorientation** → réorienter en redonnant l'objectif fondamental, un motif à l'action = une **motivation**. (premier travail de l'élève, le sens des évaluations, etc.)
- **Méconnaissance** → **triple connaissance** : connaissance de l'espace-temps, connaissance de soi (la mémoire), connaissance des êtres et des choses
- **Autonomie** → **sécurité** (on veille au grain) ou **accompagnement** (on aide à trouver)
    Autonomie réaliste : on sécurise ;
    Autonomie irréalisable : on accompagne avec une autre prise cacahuète : « Toi, ici, maintenant, de quoi aurais-tu besoin pour agir ? ».
Trois réponses : une action réaliste, on sécurise ; une action irréalisable : on accompagne ; une méconnaissance (je ne sais pas), on répond par la connaissance.
Maintenant, reprenons les pièges et les pistes.

---

29 Les arts « martiaux » sont en réalité des arts « chevaleresques », ce qui n'est pas exactement la même chose.

2.1.1. Quelques pièges fréquents

> Reprenons le fil des échanges :
> *Après avoir nourri le ventre, pacifié le cœur, préparé l'esprit, nous posons la question :* « As-tu des devoirs à faire ? ».
> *La réponse de l'ignorance arrive :* « Je ne sais pas. ».

Au lieu de renvoyer l'autre à sa responsabilité dans le travail avec la question « De quoi aurais-tu besoin ... ? », qui nous éviterait de prendre de plein fouet l'ignorance de l'autre, nous tombons dans les pièges. En voici trois des plus fréquents.

	Pièges	*Remèdes*
– As-tu des devoirs à faire ? – Je ne sais pas. Je n'en sais rien. ~~– De quoi aurais-tu besoin pour savoir ?~~	**faire à la place de l'autre** **(2.1.1.1)** Ex. : Apporter une réponse.	→ laisser faire l'autre
	changer d'objectif **(2.1.1.2)** Ex. : Pourquoi ?	→ laisser tomber ce qui vous éloigne de l'objectif (se taire !)
	se sentir coupable **(2.1.1.3)** Ex. : C'est ma faute.	→ revenir sur une pratique efficace

2.1.1.1. Faire à la place de l'autre : un piège

Croyant bien faire (comme tout le monde[30]), vous apportez vous-même la réponse. Par exemple : « Eh bien j'ai regardé sur 'pronote', tu as telle leçon à savoir pour demain et tel exercice. ». Bravo au jeune ! Il a réussi à vous faire travailler à sa place. Peut-être bébé s'entraînait-il déjà à jeter des objets au sol pour qu'une âme bien intentionnée lui ramasse...

Oui, bien sûr, je comprends tout à fait la vie trépidante[31] du parent ou de l'accompagnant. Il y a tant à faire, il y a trop à faire. Je comprends que parfois nous voulions gagner du temps, et croire en gagner, en apportant nous-même la réponse. Mais ce temps gagné sera cher payé.

---

30 Voir la leçon philosophique de Socrate sur le sujet, selon lequel tout le monde fait le bien comme il le comprend... Ou encore le Dr House qui raconte la même chose dans la série du même nom.

31 trépidant : en agitation constante

Car pendant que vous apportez la réponse, le jeune n'a rien fait. Il est resté passif. Comme un sportif qui viendrait à l'entraînement mais ne ferait rien.

Bien sûr, nous pouvons parfois apporter la réponse. Ce sera une exception et non la règle. Et lorsque nous en aurons le temps, nous expliquerons au jeune que pour une fois, exceptionnellement pour telle ou telle raison, nous avons répondu ou agi à sa place, mais qu'à l'avenir, c'est à lui d'agir, avec notre aide pour qu'il trouve ses propres moyens de réussir, car il le peut !

Voilà pour le premier piège. Voyons le suivant.

2.1.1.2. Changer d'objectif : un piège

Face au « Je n'en sais rien. » à notre question de savoir s'il y avait des devoirs, bien sûr, nous pouvons avoir une furieuse envie de poursuivre par une autre question du style : « La maîtresse ne t'a rien donné à faire ? » ou « Tu n'as rien écrit en cours sur ton cahier de texte ? ».

Ces réactions, peut-être devrais-je dire « ces réflexes », parfois sur un ton énervé ou emporté, nous les avons déjà sans doute assenées[32]. Qu'importe. La culpabilité est un luxe. Cherchons plutôt à apprendre de nos erreurs (niveau 8 !). Et pourquoi serait-ce une erreur de réagir ainsi ? C'est que le jeune a déjà répondu à notre question et nous ne tenons pas compte de sa réponse. Il dit n'en rien savoir. À nous de voir !

En posant une nouvelle question comme s'il n'avait rien dit, nous dévalorisons le jeune. Implicitement[33], sans le dire vraiment, nous agissons comme si le jeune n'avait pas compris la question[34], comme s'il était déconnecté de la réalité. Peut-être a-t-il très bien compris et n'en sait vraiment rien. Ou utilise-t-il ce « Je n'en sais rien. » pour parler de sujet plus important à ses yeux, comme le sens de l'école. Et si nous jouions le jeu de la confiance, sans pour autant être crédule[35] ?…

Peut-être à parler avec lui à partir de sa réponse, nous le découvririons sous un autre jour. Faire comme s'il n'avait pas répondu, c'est un peu comme écrire en sous-titre : « Pourquoi ne le sais-tu pas ? » avec écrit en petits caractères : « Et en tant que parent ou accompagnant cela m'inquiète ! ». Abandonnons quand nous le pouvons ces pourquoi déguisés et passons à un moment d'échanges, à une vraie discussion si désirée par les jeunes. C'est l'enjeu.

---

32 assener : frapper en portant un coup violent, et par extension, dire quelque chose qui assomme.

33 implicitement : d'une façon de faire comprendre les choses sans les dire ou les écrire

34 Et nous oublions alors ce que Rosenthal nous a appris au niveau 1 !

35 Parce que la confiance dégénère en crédulité, la confiance n'exclut pas la vérification.

2.1.1.3. Se culpabiliser : un piège

Avant de poursuivre, j'insiste. Je connais la vie harassante[36] du parent ou de l'accompagnant. Je connais aussi la réaction, ou est-ce un réflexe ?, de se sentir coupable. Cette culpabilité est un piège puissant : elle ne sert à rien, elle nous ôte[37] l'énergie dont nous avons besoin pour accomplir notre tâche, elle nous déboussole, elle nous démotive. **La culpabilité est un luxe.** Bien sûr nous avons commis des erreurs, et douloureusement auprès de nos enfants même ! Mais ce sont des êtres en croissance qui sauront panser leurs plaies d'autant mieux que nous les aiderons à penser. Accompagnons-les, à chaque fois que cela nous est possible, dans un climat de bienveillance et d'accueil.

Alors continuons d'examiner comment ce faire.

2.1.2. Face à la désorientation, motiver

> Reprenons le fil des échanges :
> *Après avoir nourri le ventre, pacifié le cœur, préparé l'esprit, nous posons la question :* « As-tu des devoirs à faire ? ».
> *La réponse de l'ignorance arrive :* « Je ne sais pas. ».
> *Nous évitons les pièges avec la question de l'autonomie :*
> « Comment pourrais-tu faire pour savoir ? »
> ou « De quoi aurais-tu besoin (de faire) pour savoir ? ».
> *Tombe alors la réponse type de la désorientation :* « Je n'en sais rien. », *face à laquelle nous allons tenter de redonner de la motivation.*

Face à la désorientation du jeune, qui apparaît face à cette double ignorance, tant du travail à accomplir que du comment l'accomplir, nous pouvons travailler sur la motivation. Les mots, malgré leur galvaudage, ont un sens. Une *motivation*, une motiv-ation, c'est le *motif d'une action*. La motivation, c'est pourquoi on fait les choses.

S'agissant du travail scolaire, deux questions existentielles se posent, et s'ouvrent sous nos pieds comme un gouffre béant tant l'absence de réponses est immense :

- quel est le premier travail de l'élève ?
- à quoi servent les contrôles ?

Ici, prenons patience. Distinguons *agitation* et *action*, car nous n'allons peut-être pas faire immédiatement l'exercice donné pour le lendemain. Mais la personne que nous accompagnons est en détresse de sens. Elle

---

36 harassant : qui épuise, qui fatigue énormément.
37 ôter : enlever, retirer, soustraire

ignore vraisemblablement et ce que l'on attend d'elle à l'école, et ce que l'on attend d'elle à la maison. De quoi être désorientée.

Alors au lieu de s'agiter en tous sens pour qu'une réponse soit écrite face aux devoirs demandés (voir niveau 9 pour vous rassurer), nous allons agir en reconnectant le jeune au sens de sa vie.

Nous explorerons deux pistes :

- la piste de l'objectif du travail scolaire qui cherche à préciser quel est le premier travail de l'élève ;

- la piste de l'évaluation qui cherche à savoir quel est le destinataire des contrôles.

Regardons-les de plus près.

2.1.2.1. Piste de l'objectif du travail scolaire - Le premier travail de l'élève

Le jeune ignore peut-être la nature du travail scolaire : que le premier travail de l'élève est de se fabriquer des souvenirs du cours, dont le terme technique est « évocation »[38]. Le jeune ignore peut-être qu'il peut :

- voir mentalement (*évocations visuelles*) et/ou ;

- entendre mentalement (*évocations auditives*) et/ou ;

- se parler mentalement (*évocations verbales*)[39].

Outre sa *nature*, qui est des huit caractéristiques d'une évocation celle qui est la plus connue comme l'arbre qui cache la forêt, une évocation a également :

- un *cadre*, l'espace-temps ;

- un *point de vue*, les paramètres ;

- un *appui*, l'appui corporel ;

- une *posture* ;

- une *entrée*, les sept niveaux de compréhension ;

- une *sortie*, les six natures de production ;

- un *objectif*[40].

Pour renouer avec le motif de l'action, la motif-action, la motivation, la question d'accompagnement pourra donc être : « **D'après toi, le premier travail de l'élève, c'est quoi ?** ». Pour y répondre, voici une bande dessinée de ma réalisation[41] sans prétention.

---

38 Cf. le tome 1 de cette série, *Les 32 joyaux de la pensée*.

39 Sur les natures d'évocation, cf. *op. cit.* pp. 74 – 88.

40 Sans objectif, nous avons affaire à un *évoqué*, participe passé : évoqu-é, et non à une *évocation*, nom d'une action nécessairement tournée vers un objectif : évoc-ation.

41 La première version de cette BD fut publiée dans la revue *Inteligence mode d'emploi*.

LE PREMIER TRAVAIL DE L'ÉLÈVE

Le 1er...
faut bosser ?
travail ?
ah bon ?
faut travailler ?
Tu peux dire JOUER son rôle si tu veux

OU FAIRE ce qu'on attend de nous ?
OUI
Alors, d'après vous, qu'est-ce que c'est ?...
arriver à l'heure ?...
Bien écouter, bien regarder ?...
être sage comme une image ?...
Le premier travail de l'élève, c'est de se fabriquer des **souvenirs** du cours !
Mais comment fait-on pour en fabriquer ?
Ah bon, ils ne se fabriquent pas tout seuls ?...

Si, ils peuvent !
Mais tu peux les diriger...

les rendre plus forts...

ouf !

les fabriquer toi...

Tu peux aussi
t'entraîner
à en fabriquer.

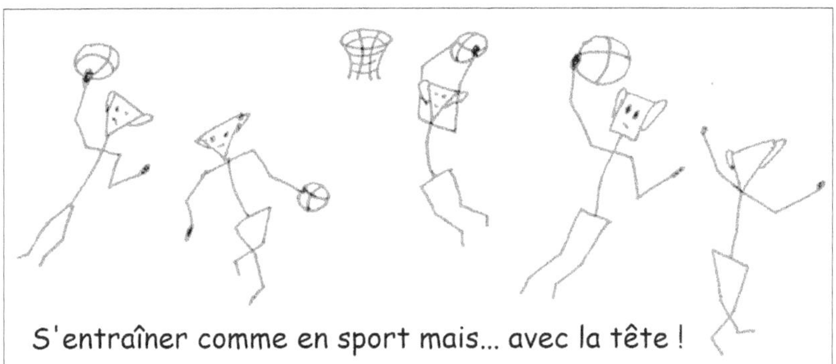

S'entraîner comme en sport mais... avec la tête !

S'entraîner comme aux jeux vidéos...

ou à la musique .

Pour que comme en sport, aux jeux, en musique
tout devienne naturel et facile.

sans entraînement

LEVEL 5

avec ...

LEVEL 25

Le premier travail de l'élève consiste à fabriquer des souvenirs du cours. Une fois cet objectif éclairci, la suite de l'accompagnement dépend du temps dont nous disposons.

A-t-on le temps de poursuivre ?

Deux réponses possibles : non, et oui.

— Non.

Si nous n'avons plus de temps, rassurons-nous, **l'objectif des devoirs n'est pas de trouver la réponse mais de la chercher**. Le niveau 9 offre des développements sur le sujet. Voilà pour nous. Quant à l'élève, on lui donne comme travail pour la prochaine séance de savoir ce qu'il aura à faire comme devoirs. Et éventuellement d'avoir constituer des souvenirs utiles pour les faire.

— Oui.

Nous avons du temps (sinon voir niveau 9). Nous demandons à l'élève s'il est prêt à faire ses devoirs.

→ Il acquiesce. Nous reposons la question : « Alors, d'après toi, de quoi aurais-tu besoin pour trouver ce qu'il y a à faire ? ».

> • Il répond l'ignorer : restons sur la piste de la motivation, en lisant les objections habituelles et le sens des évaluations.
> • Il répond le savoir : nous basculons sur la piste de l'autonomie (2.1.4).

→ Il répond ne pas l'être : nous poursuivons la piste de la motivation, avec une question : « Qu'est-ce qui te faire croire que tu ne pourrais pas te fabriquer des souvenirs du cours ? ». Parfois le jeune présente ses objections au travail qui lui revient. Parfois, ses objections si elles demeurent silencieuses n'en sont pas moins présentes. Regardons quelques unes d'entre elles les plus habituelles.

Quelques objections habituelles

Objection où la personne se présente comme une victime

Face aux « Je suis bête. », « Je ne vais jamais y arriver. », « La prof ne m'aime pas. », etc., nous pouvons apporter l'éclairage sur les trois niveaux du cerveau avec le blocage au niveau du système limbique[42], ou si nous identifions que nous touchons là un besoin organique ou émotionnel, revenir aux étapes précédentes pour nourrir le ventre et/ou pacifier le cœur, en apportant un réconfort physique et/ou affectif.

Objection « Je ne peux pas, je n'aime pas ! »

Face aux objections du style « De toutes façons je n'aime pas cette matière, comment je peux fabriquer des souvenirs de quelque chose que je n'aime pas ?... », nous allons apporter une information sur la propriété des souvenirs.

---

42 cf. le livre à paraître sur les trois trucs bon à savoir sur le cerveau.

Amorçons par une question : d'après toi, ta pensée est-elle vivante ou morte, statique ou dynamique, immobile ou en mouvement ?

Ici, *vivante*, *dynamique* et *en mouvement* sont synonymes.

Si la personne vous dit que sa pensée *morte*, *statique* ou *immobile*, démontrons-lui le contraire.

Demandons-lui de penser à un éléphant et ensuite à une plume. Une fois ceci fait, à nous de répondre : « Ta pensée est passé d'un éléphant à une plume : elle est donc *vivante* ou *dynamique* ou *en mouvement* (peu importe comment tu le dis). »

Poursuivons. « Une caractéristique de ce qui est *vivant* est que ça respire. Un *mouvement* de base est le mouvement circulaire. La pensée, ta pensée, respire, fait un mouvement circulaire. Tu as certainement déjà remarqué que nous avons beaucoup de souvenirs de ce que nous aimons. C'est le mouvement spontané entre **l'intérêt** et **le nombre de souvenirs**[43]. »

Nous pouvons tracer le schéma suivant avec seulement la flèche du bas en bleu de préférence.

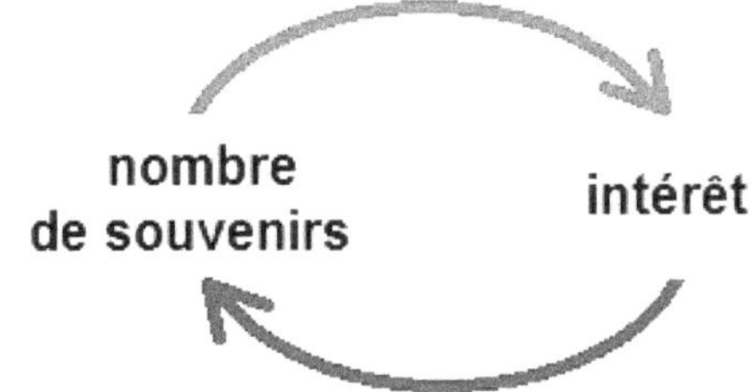

relation entre nombre de souvenirs et intérêt

Poursuivons. « Mais comme notre pensée est vivante, en mouvement ou dynamique, il est également possible de faire un mouvement dans l'autre sens, volontairement, un mouvement dirigé. Plus nous fabriquons de souvenirs d'une chose, et plus cette chose, comme par magie, deviendra intéressante. »

Je vous encourage à vérifier cette propriété par vous-même : plus vous ferez de souvenirs d'une chose et plus votre attrait pour elle augmentera.

Reprenons notre discours à l'élève. « Prenons l'exemple de quelqu'un qui est intéressé par une langue étrangère. Il voudrait vraiment la parler, mais il n'y connaît rien. Il peut écouter des gens la parler, mais au bout d'une minute, il fatigue car il ne comprend rien. Il a de l'intérêt, mais pas de souvenirs en stock de cette langue. Il va donc apprendre cette langue,

---

43 Si vous utilisez des couleurs, vous gagnerez en efficacité en utilisant les « couleurs archétypales ». La flèche du *mouvement spontané* sera alors en *bleu*, et celle du *mouvement dirigé* en *rouge*. La notion de « couleur archétypale » est abordée en formation de noématique.

comment ?, en s'en fabriquant des souvenirs. Et plus le nombre de souvenirs sera grand, plus il pourra suivre une conversation dans cette langue. Et plus il la trouvera intéressante. Contrairement à ce que nous pensons, nous pouvons rendre les choses intéressantes.

Comment ? En en fabriquant des souvenirs !

Comme pour tout, il faut s'entraîner. Face à un cours que spontanément nous n'aimons pas, ou dans lequel nous n'avons pas l'habitude de fabriquer des souvenirs, donnons-nous l'objectif d'en fabriquer trois par cours la première semaine. Puis cinq le deuxième semaine. Puis sept la troisième, etc. Toujours un nombre impair pour rendre la chose plus dynamique[44]. Il y aura un effet d'entraînement, un effet boule de neige.

Maintenant, si tu veux, nous pouvons voir ensemble comment tu peux t'entraîner à fabriquer des souvenirs. »

Et là nous proposons une activité avec une séparation dans l'espace : reportez-vous au niveau 3 et 4.

Objection « Je ne vais jamais y arriver ! »

« Oui, en ignorant que le premier travail de l'élève est de se fabriquer des souvenirs du cours, c'est difficile d'y arriver.

Et en ignorant aussi ce que l'on attend de toi en contrôle, encore plus. Alors regardons ensemble le sens des évaluations. »

→ Passer à la section suivante (2.1.2.2.)

Il peut y avoir de nombreuses objections : nous ne les passerons pas toutes en revue. Certaines relèvent de la motivation, d'autres du manque d'énergie.

Dans l'accompagnement, si vous estimez avoir encore du temps, passez la suite, au niveau suivant, ou directement à une séparation dans l'espace. Vous mettez le cahier de textes à un endroit, demandez au jeune d'aller voir ce qu'il y a à faire et revenir vous le dire. La suite est dans la section 2.2.

2.1.2.2. Quel sens aux évaluations ? – À qui écrit-on en contrôle ?

Le jeune ignore peut-être le sens du travail scolaire. Travailler à l'école, pour faire quoi ?...

Une façon d'explorer ce sujet est de poser la question : « **À qui écrit-on en contrôle ? Pour qui écrit-on en contrôle ?** ». Car un mystérieux destinataire se cache derrière nos écrits. Le dévoiler offre une clé pour

---

44 Les nombres impairs sont plus dynamiques que les nombres pairs, comme expliqué dans le tome 3 sur les secrets de l'espace-temps, et qui retire tout mystère à la chose, c'est seulement un processus cognitif dû à la structure bi hémisphérique du cerveau !

de meilleures copies. Enquêtons sur le terrain pour rencontrer les quatre types de réponses habituelles.

2.1.2.2.1. À personne

Plus nous savons ce que l'on nous demande, mieux nous pouvons le faire. Aussi, connaître le destinataire de nos écrits nous aiderait à les améliorer. Pourtant, à la simple question : « À qui écrivons-nous en contrôle ? », certains répondent : « À personne. ».
Cette réponse est absurde, sauf dans deux cas. Celui où on envisage l'école comme un lieu d'apprentissage, et celui où on cherche à créer un objet sans penser à son destinataire.
Examinons le premier cas. Dans la vie professionnelle, nous sommes amenés à écrire à d'autres personnes. Si nous envisageons l'école comme un lieu d'entraînement, alors les écrits scolaires sont une façon de s'entraîner. Nous faisons alors *comme si* nous écrivions à quelqu'un d'autre mais en vrai nous n'écrivons à personne, d'où la réponse « à personne ». En réalité, nous avons seulement déplacé le problème vers une question plus vaste : à qui écrivons-nous d'une façon générale ? Nous aurons une réponse plus bas.
Examinons le second cas. Certaines personnes peuvent déclarer sincèrement, et après mûre réflexion, n'écrire à personne en contrôle. De la même façon que certains diraient ne pas avoir besoin de savoir qui va manger le plat qu'ils préparent pour savoir s'il va être réussi, ou qui va utiliser le meuble qu'ils construisent pour que ce soit un beau meuble fonctionnel, etc. C'est une posture philosophique : celle d'être *auprès des choses* plutôt que d'être *avec les êtres*[45]. Ces personnes ont alors besoin de connaître le cahier des charges, ce qu'il faut respecter pour faire du « bon » travail. Elles n'ont pas besoin d'imaginer à l'intention de qui elles le font pour le faire « bien ». Pour un écrit de haute qualité, comme celui des maîtres de l'écriture, le cahier des charges sera le même que si elles écrivaient à quelqu'un[46] :
– une introduction qui situe, précise l'objectif ou donne un cadre spatio-temporel ;
– une description qui offre à voir, entendre, goûter, sentir, toucher ;
– un partage de subjectivité avec des émotions, une analyse ou un vécu ;
– le passage d'une situation à une autre, soit par une action, soit par une comparaison[47].
À savoir ce dont aurait besoin un lecteur pour comprendre ce qui est

---

45 Cf. l'exemple de Sam, p.48 du tome 1, *Les 32 joyaux de la pensée.*

46 Ce seront les quatre étapes de la logique de communication, cf. tome 3 avec la partie sur le geste de compréhension.

47 D'une façon plus subtile, transformation, action temporelle, ou comparaison, action spatiale, cf. tome 4.

écrit. La question « à qui écrit-on en contrôle » devient alors « qui pourrait être intéressé de lire notre contrôle ? ». Et là, la réponse « personne » ne tient plus. N'importe quel objet, littéraire, scientifique, technique, etc., intéressera quelqu'un : qui ?

À part envisager une production scolaire (contrôle, etc.) comme un éventuel entraînement susceptible d'intéresser quelque chose, la réponse « à personne » est absurde.

Envoyez-vous un texto[48] à personne ?… Non. Sans doute cette réponse indique-t-elle combien les élèves, privés du sens de l'activité scolaire, vivent l'école comme un lieu de non-sens. Pourtant, tout ce que nous y faisons est sensé, que ce soit au collège, au lycée ou à l'université. Et cela même si nous ignorons parfois l'origine d'une connaissance, son utilisation quotidienne ou son usage pratique. Ignorer le sens des choses ne les en prive pas pour autant. Ne pas savoir à quoi sert un outil ne veut pas dire qu'il ne sert à rien ; ignorer son origine ne signifie pas qu'il est en dépourvue. Il y a toujours un sens à conquérir, à inventer ou découvrir. Quel est justement celui de l'écrit ?… Qui est le destinataire de nos écrits ?…

2.1.2.2.2. À soi-même

À cette question, la deuxième réponse-type est « à moi (l'élève) ».

Vous vous écrivez des textos à vous-même ?… Non. On s'écrit dans un journal intime ou un carnet de bord, on écrit pour extérioriser sa pensée et la mettre en forme, pour faire un brouillon… mais on ne s'envoie pas des lettres à soi-même. Par contre, c'est vrai, nous sommes le **bénéficiaire** de nos écrits.

De façon très immédiate, certains monnaieront un 16 sur 20 auprès de leurs parents…

2.1.2.2.3. Au professeur

Ou bien se tourneront vers le professeur pour en recevoir les faveurs. Justement, c'est la troisième réponse-type, la plus courante : on écrit « au professeur ». Mais le professeur ne connaît-il pas mieux que nous le cours qu'il nous a si brillamment dispensé ? À quoi bon lui écrire ce qu'il sait déjà ?…

Qu'un ami ou un inconnu vous écrive pour faire état de ce que tout le monde sait déjà sur vous, comme vos nom, prénom, adresse… vous vous interrogerez sur sa santé mentale ! Aussi les élèves n'écrivent pas au professeur. Mais si l'enseignant n'est pas le destinataire des contrôles, qui est-il ? Le **correcteur**.

---

48 en français : SMS

Le correcteur n'est pas le destinataire. Imaginons des vacances où un enfant écrit une carte postale à sa grand-mère. Ses parents vont relire la carte et la corriger même si elle ne leur ait pas destinée. De même, le professeur lit la copie qui ne lui est pas destinée. Il est le correcteur mais non le destinataire.

2.1.2.2.4. Un semblable

Alors qui est ce mystérieux destinataire ? Mais à qui donc écrivons-nous d'une façon générale ? À qui envoyons-nous des textos ? À des gens de notre condition. Et c'est là notre mystérieux destinataire : un semblable. La situation naturelle du langage est de s'adresser à d'autres personnes. Toute notre vie, nous sommes entourés d'êtres humains, de semblables. En nous mettant dans une situation de communication, les contrôles nous préparent à la vie adulte où nous aurons sans cesse à échanger des informations, à comprendre nos semblables et à nous faire comprendre d'eux, etc..
Aussi, le destinataire du contrôle est un semblable, quelqu'un de notre niveau qui nous poserait les questions du contrôle et auquel nous répondrions afin qu'il comprenne. Pour des raisons pratiques, le correcteur se met à la place de ce semblable et estime s'il comprendrait ou non. Et les élèves, le professeur les connaît bien. Cette copie qui traite tout le sujet serait-elle compréhensible par une classe de 20 élèves ? Oui, la note est 20. Par la moitié des élèves seulement ? La note est 10. Par aucun, la note est 0.

En clair, quand vous écrivez, prenez-soin du lecteur, c'est un frère, c'est une sœur…
Songez sans rancœur que le professeur n'est que le correcteur.

2.1.2.3. Le cycle de l'apprentissage

Dans la même veine que penser à un semblable, poursuivons avec le cycle de l'apprentissage[49].

---

49 Je remercie de nouveau Georges Charles, directeur de l'école San Yi Chuan, pour avoir délivré cet enseignement sur faire, savoir, savoir faire, faire savoir et savoir faire faire. → tao-yin.fr

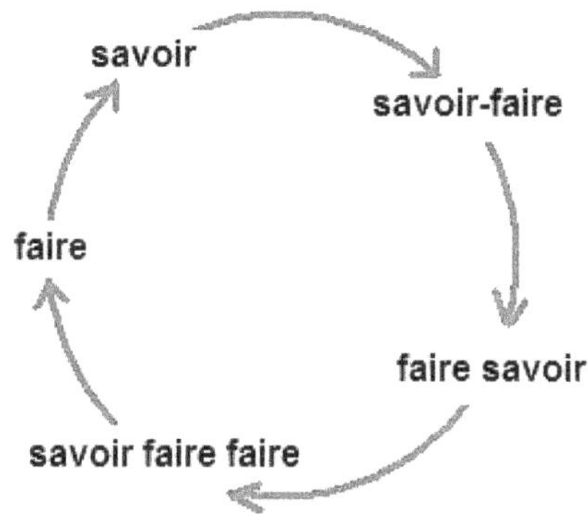

Le cycle de l'apprentissage

Imaginons la situation suivante. Nous travaillons dans une entreprise, et un de nos collègues a le même niveau technique (*savoir-faire*) que nous. Mais à sa différence, nous n'expliquons rien. Nous demande-t-on de faire quelque chose, nous le faisons. Mais nous n'ajoutons aucune explication, tandis que notre collègue, si.

Qui aura le plus d'amis ? Celui qui explique.

Qui aura la promotion ? Celui qui fait savoir.

Arrivé un certain niveau de pratique, il ne s'agit plus seulement de connaissances (*savoir*) et de techniques (*savoir-faire*), mais de f*aire savoir*.

La société (l'ensemble des êtres humains) a besoin de que ce nous savons faire : faisons-le savoir !

Si un boulanger sait faire un merveilleux pain, mais garde l'information pour lui, c'est triste pour lui, car il n'a pas de clients, et pour nous, car nous ne pouvons pas en profiter. Il lui manque le « faire savoir ».

De même, qui a découvert l'Amérique ? Oui, Christophe Colomb, même si très vraisemblablement d'autres avant lui connaissaient son existence : mais le premier, Christophe Colomb est revenu et à partager son savoir avec les autres. « Faire savoir », c'est donc partager.

Ce qui donne de la valeur à un être humain, c'est sa capacité à partager.

Évaluer vient de ex-valuer, ex qui veut dire faire sortir, comme son ex qui est sorti(e) de notre vie, et valuer, c'est valeur. Évaluer une chose, c'est faire sortir de la valeur de cette chose. Et qu'est-ce qui est le plus précieux pour les êtres humains ? C'est le partage.

L'évaluation est donc l'action de faire sortir de la valeur à ce que vous avez fait, pour jauger votre capacité à partager.

L'étape suivante dans le cycle d'apprentissage est le savoir faire faire. Cela consiste à transmettre à l'autre afin qu'à son tour il sache faire comme nous.

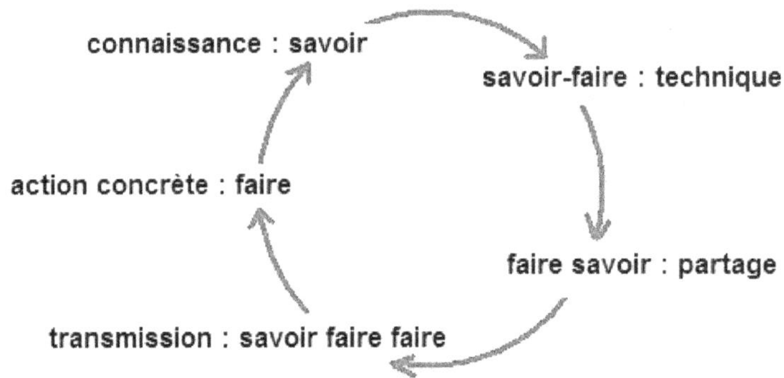

Voilà, nous avons livré plusieurs pistes pour renouer avec le sens de l'activité scolaire.

→ Si le temps alloué à accompagner les devoirs est écoulé, nous demandons au jeune de passer en revue ce que nous avons fait ensemble, ce que nous avons dit, afin qu'il s'en souvienne, qu'il nous le dise et qu'il nous explique la prochaine fois.

→ S'il nous reste du temps, nous nous tournons vers le jeune : « Maintenant, tu sais que ton travail est de fabriquer des souvenirs du cours. Nous allons commencer par des souvenirs de ce que tu as à faire. Je vais mettre ton cahier de texte là-bas, tu vas aller le regarder et tu vas revenir me dire ce que tu as à faire. ». Nous poursuivons avec la section 2.2.2. *Solliciter la pensée*.

2.1.3. Face à la méconnaissance : renouer avec la connaissance

> Reprenons le fil des échanges.
> *Après avoir nourri le ventre, pacifié le cœur, préparé l'esprit, nous posons la question :* « As-tu des devoirs à faire ? ».
> *La réponse de l'ignorance arrive :* « Je ne sais pas. ».
> *Nous évitons les pièges avec la question de l'autonomie :* « Comment pourrais-tu faire pour savoir ? » *ou* « De quoi aurais-tu besoin (de faire) pour savoir ? ».
> *Tombe alors la réponse type de la méconnaissance :* « Je ne sais pas. ». *Nous allons tenter de renouer avec la connaissance.*

Comment se fait-il que l'enfant ne sache pas ce dont il a besoin ? C'est qu'il n'a pas reçu l'entraînement nécessaire pour le faire, d'où toute l'importance à lui donner. Nous examinerons trois grands types de connaissances : celle de l'espace-temps, celle de soi, celle des êtres et des choses.

① L'espace-temps

La question des devoirs à faire était peut-être trop vaste : à nous de la circonscrire[50] dans une matière ou un moment du temps. Connaître quelque chose, c'est aussi savoir son lieu de résidence et ses instants d'apparition.

② Soi

Peut-être avons-nous oublié de se remémorer la journée pour laquelle il y a des devoirs à faire, la « journée cible ». Les souvenirs ne voyagent pas tous à la même vitesse : il faut les rappeler à notre bon souvenir, les convoquer.

③ Les êtres et les choses

Peut-être le jeune ignore-t-il que les choses et les êtres qui l'entourent sont *aussi* là pour lui. Le cahier de textes ou un ami pourrait délivrer l'information recherchée : aidons-le à étoffer la liste de moyens habiles à sa disposition ou à son service. Il n'y a pas que dans les jeux télévisés où on peut appeler un ami quand l'agenda nous fait défaut !…

En résumé :

– **Méconnaissance** → **triple connaissance** : connaissance de l'espace-temps, connaissance de soi (la mémoire), connaissance des êtres et des choses

2.1.3.1. Connaissance de l'espace-temps – Proposer des moments, des lieux, des matières

> – Je ne sais pas (ce dont j'ai besoin).

Nous proposerons deux pistes : la temporelle et la spatiale.

• Piste temporelle : quand ? Proposer une date.

Exemples :
  « Et si je te demandais ce que tu as à faire pour demain ? »
  « Et si je te demandais ce que tu as à faire pour lundi prochain ? »

• Piste spatiale : où ? Proposer une matière.

Exemple :
  « Et si je te demandais ce que tu as à faire en maths ? »

La piste de la connaissance de l'espace et du temps peut apporter une réponse : pour savoir ce que j'ai à faire, j'ai eu besoin d'une date et/ou

---

50 circonscrire : *ici au sens figuré*, limiter un domaine

d'une matière.

Si cette piste est infructueuse, il y a la piste suivante, celle de la connaissance de soi.

2.1.3.2. Connaissance de soi – Se remémorer la journée cible

> – Je ne sais pas (ce dont j'ai besoin).

Nous allons poursuivre l'échange en proposant de convoquer et d'accueillir les souvenirs de la journée cible (c'est la même technique que dans la sous-partie 1.4. *Préparer le cerveau*). Nous pouvons toujours laisser un temps pour cela, jamais plus de soixante secondes car au-delà d'une minute les souvenirs qui arrivent bousculent ceux qui sont déjà là.

Exemples :
   « Nous sommes lundi. Demain c'est mardi. Quels cours as-tu le mardi ? »
   « Quels cours as-tu demain ? »
   « Pourrais-tu penser à ta journée de demain ? »

Nous pouvons prolonger en demandant des précisions.
Exemples :
   « Si j'ai bien compris, tu as anglais le mardi : c'est le matin ou l'après-midi ? »
   « Tu as français demain. Où es-tu assis(e) dans le cours de français, devant, derrière, au milieu ? »
   « Quand tu me dis que tu as histoire, en ce moment vous faîtes de l'histoire ou de la géographie ? »

Les demandes de précision permettent deux choses :
– laisser du temps aux souvenirs de revenir ;
– faciliter les souvenirs de remonter à la surface.

La piste de la connaissance de soi peut apporter une réponse : pour savoir ce que j'avais à faire, j'ai eu besoin de me remémorer ce que je[51] fais habituellement tel jour, et de préciser.
Si cette piste est infructueuse, il y a la piste suivante, celle de la connaissance des êtres et des choses.

---

51 Ici, le « je » est une formulation en première personne, marque de la posture d'acteur. Cf. *Les 32 joyaux de la pensée* pour les autres formulations possibles comme une formulation à la troisième personne comme « on fait habituellement, etc. ».

2.1.3.3. Connaissance des êtres et des choses – Suggérer une aide extérieure

> – Je ne sais pas (ce dont j'ai besoin).

Nous allons poursuivre l'échange en proposant des pistes.

• Piste des choses : proposer de trouver un objet qui permet d'agir.
Exemples :
  « Quel objet ou quelle chose te permettrait de savoir ? »

• Piste des êtres : proposer de trouver une personne qui permet d'agir.
Exemples :
  « Quelle personne te permettrait de savoir ? »

Si aucune des pistes ne fonctionne, nous pouvons toujours avoir recours à l'agenda ou à un autre moyen extérieur, comme nous qui accompagnons les devoirs du jeune !
Par contre, donnons comme objectif clair pour la prochaine séance : arriver à dire de mémoire, sans rien ni personne, ce qu'il y a à faire. (voir aussi niveau 9 sur cette projection dans le temps).

Le jeune peut formuler des objections.

2.1.3.3.1. Objection sur le rôle des objets

– « À quoi sert l'agenda si je ne peux pas le consulter ? »
→ **Préciser le rôle de l'écrit dans la mémorisation**.
Posons des questions du style : « À quoi sert le cahier ? À quoi ça sert d'écrire ? ».
Pour certains jeunes, écrire remplace la pensée : si c'est écrit, il n'y a plus besoin de le penser. Mais le cahier n'est pas une liste de courses qui évite de l'apprendre par cœur !
L'écrit ne dispense pas de mémoriser. Il sert à vérifier la qualité de nos souvenirs.
Nous écrivons pour que plus tard, après un temps de remémoration cahier fermé, nous vérifions la rectitude[52] de nos souvenirs cahier ouvert.

2.1.3.3.2. Objection sur le rôle des êtres

– « À quoi bon me souvenir puisque tu vas savoir à ma place ? »
→ **Préciser le rôle de l'accompagnement et de l'entraînement**.
Le rôle de l'accompagnement n'est pas de faire à la place de l'autre,

---

52 rectitude : conformité à la règle, aux principes, à la raison

mais de permettre à l'autre, progressivement, d'arriver à faire seul.

Un entraîneur sportif ne fait pas les mouvements à la place du sportif.

Et s'entraîner, c'est commencer à faire des petites choses pour finir par des grandes. Nous commençons donc par nous entraîner à nous souvenir de ce qu'il y a à faire, etc. Des petites choses pour finir par des grandes.

Sur le statut de l'autonomie, voir également la section sur le sujet du niveau 2 plus bas.

La piste de la connaissance des êtres et des choses peut apporter une réponse : pour savoir ce que j'avais à faire, j'ai eu besoin de trouver ce qui me permettait de m'en souvenir, quelqu'un ou quelque chose.

Si cette piste est infructueuse, nous avons pu nous-même apporter la réponse : c'est dans le cahier de texte, etc. Nous passons alors à un protocole de séparation dans l'espace. Nous plaçons le cahier de texte à un endroit. Le jeune ira le voir et reviendra pour dire ce qu'il y a à faire : c'est la partie 2.2.2. *Obliger la pensée.*

2.1.4. Face à l'autonomie – sécuriser et questionner

Reprenons le fil des échanges.

Après avoir nourri le ventre, pacifié le cœur, préparé l'esprit, nous posons la question : « As-tu des devoirs à faire ? ».

La réponse de l'ignorance arrive : « Je ne sais pas. ».

Nous évitons les pièges avec la question de l'autonomie : « Comment pourrais-tu faire pour savoir ? » *ou* « De quoi aurais-tu besoin (de faire) pour savoir ? ».

Le jeune affirme son autonomie avec quelque chose comme : « J'aurais besoin de … ». *Nous répondrons aux besoins exprimés en offrant une sécurité si l'action envisagée est faisable et un questionnement si elle ne l'est pas.*

En résumé

- **Autonomie** → **sécurité** (on veille au grain) ou **questionnement** (on aide à trouver)

   Autonomie réaliste : on sécurise ;

   Autonomie irréalisable : on questionne pour rendre l'action réalisable.

Mais avant de reprendre chaque possibilité, approfondissons la technique de la reformulation qui permet de vérifier si l'on a bien compris ce que l'on nous dit.

2.1.4.1. Reformuler pour bien comprendre

Se sentir compris permet de se sentir bien. Comment se sentir compris ?
Nous disposons d'une façon simple : redire ou reformuler[53], dire à
l'identique ou autrement.

Lorsque le jeune exprime quelque chose, ici un besoin , nous pouvons
toujours accuser réception en redisant ou reformulant, par exemple avec
un « Si je comprends bien ce que tu me dis, tu aurais besoin de... , c'est
ça ? ».

→ Si la réponse est oui, la personne se reconnaît dans notre
énonciation[54]. D'une part cette répétition permet une conscience accrue
de ce qu'elle vient de dire. D'autre part la reformulation nous permet de
vérifier que nous avons bien compris ce que l'autre dit.

Dans la situation présente, puisqu'un besoin a été exprimé et que nous
l'avons compris, nous allons y répondre. Si le besoin est réalisable, nous
laissons le jeune faire en veillant à sa sécurité : voir la section suivante
2.1.4.2. *L'autonomie est réaliste – Sécuriser*. S'il est irréalisable, nous
questionnons le jeune sur une alternative réaliste : voir la section plus
bas 2.1.4.3. *L'autonomie n'est pas réalisable – Questionner*.

→ Si la réponse est non, la personne ne se reconnaît pas dans notre
énonciation ou la formulation proposée. Nous pouvons :
- reformuler autrement (à l'identique de ce que le jeune a dit ou en
changeant des termes) ;
- proposer d'autres hypothèses comme « Peut-être as-tu voulu dire
ça ? » ;
- proposer une alternative, par exemple : « Tu pourrais me répéter ou me
dire autrement pour que je comprenne ce que tu veux dire ? ».

Si vous ne comprenez pas ce que le jeune veut dire, vous pouvez
essayer d'utiliser des schémas, des dessins, des objets, des êtres
vivants[55]. Si le jeune n'arrive pas à expliquer mais sait ce qu'il faut faire,
laissez-le faire en veillant à sa sécurité. Si son action réussit, passer au
niveau suivant. Si elle échoue, voir la sous-section plus bas 2.1.4.3.
L'autonomie n'est pas réalisable – Questionner.

---

53 De mon point de vue, même si redire signifie dire une seconde fois à
l'identique et reformuler dire une seconde fois mais autrement, la personne en
face de nous peut très bien vivre ce que nous redisons comme différent de ce
qu'elle a dit, pour des raisons qu'elle peut ignorer comme la différence
d'intonation, etc. Dans la suite, j'utiliserai indistinctement *redire* et *reformuler*.
Je ne distinguerai pas dans cet ouvrage *reformulation* de *répétition*. C'est une
subtilité traitée dans les tomes 3 et 5 de cette série.

54 Ce que nous venons de redire ou reformuler.

55 Vous pouvez chercher lequel des sept niveaux de compréhension (cf. *Les 32
joyaux de la pensée*) est le plus adéquat pour vous et le jeune.

2.1.4.2. L'autonomie est réaliste – Sécuriser

Le jeune nous dit comment il peut faire et c'est faisable.
Nous pouvons lui dire : « **Vas-y, fais-le !** ». Notre travail est alors de veiller à la sécurité du jeune. Nous poursuivons avec le niveau 3.

2.1.4.3. L'autonomie n'est pas réalisable – Questionner

Le jeune nous dit comment il peut faire, mais ce qu'il propose est infaisable.
Nous pouvons reformuler d'une autre façon ce qu'il vient de dire, et peut-être le fait de l'entendre d'une autre façon peut lui faire prendre conscience de l'infaisabilité de sa proposition.
Nous pouvons aussi lui dire : « C'est déjà bien : tu as trouvé une façon de faire. C'est faisable dans telles conditions ou dans telles circonstances. Si tu étais dans ces conditions ou ces circonstances, tu pourrais faire ce que tu proposes. Mais présentement, ce n'est pas le cas. Ou en tout cas, pas avec ce que tu m'as dit. Que pourrais-tu faire ici et maintenant ? »
→ Soit il y a une idée faisable : c'est une autonomie réaliste abordée à la sous-section précédente 2.1.4.2. *L'autonomie est réaliste – Sécuriser.*
→ Soit il y a une idée infaisable : nous retombons dans le même écueil et recommençons..
→ Soit il n'y a plus d'idées : nous sommes alors dans le cas d'une méconnaissance, à laquelle nous pouvons tenter d'apporter une connaissance comme vu à la section 2.1.3. *Face à la méconnaissance : renouer avec la connaissance.*

2.2. Face à l'oubli – Solliciter et obliger la pensée

Reprenons le fil des échanges.
Après avoir nourri le ventre, pacifié le cœur, préparé l'esprit, nous posons la question : « As-tu des devoirs à faire ? ».
La réponse de l'oubli arrive : « J'ai oublié. » « Je vais regarder dans mon cahier de texte. » *Nous allons solliciter et obliger la pensée.*

Pourquoi attendre pour s'entraîner ? Saisissons chaque opportunité d'exercer la mémoire. Voyons comment.
Que le jeune déclare ne plus savoir, avoir oublié ou désirer consulter son cahier de textes, nous allons solliciter sa pensée dans un premier temps puis l'obliger à penser dans un second.

2.2.1. Solliciter la pensée

Nous pouvons toujours accuser réception de ce que le jeune vient de dire, avec une répétition ou une reformulation (voir plus haut 2.1.4.1. *Reformuler pour bien comprendre*). Par exemple : « J'entends ce que tu me dis, que tu ne sais plus ou que tu as oublié ou que tu vas regarder dans ton cahier de texte, etc. ». Vous pouvez noter la réaction du jeune.

Et en tout cas, nous solliciterons la pensée du jeune, avec une invitation à l'action. Cette invitation commencera par une reprise de la déclaration du jeune, par exemple :

« Même si tu ne sais plus / Même si tu as oublié / Avant de regarder / etc. »

et se terminera par quelque chose du style :

« …, pourrais-tu prendre un instant pour te remémorer ce que tu as à faire ? » ou

« …as-tu une idée de ce que tu as à faire ? ».

Le jeune a-t-il une idée ? Passez à la sous-partie suivante 2.3. *Face à un objectif – Vérifier la pertinence,* renforcer *la confiance*.

Le jeune n'a-t-il pas d'idée ? Si le jeune n'a aucune idée, avec la réponse type « Je ne sais pas. », c'est la piste de l'ignorance abordée à la sous-partie 2.1. *Face à l'ignorance : l'autonomie.*

Même, et surtout, si le jeune a répondu que les devoirs sont consignés dans son cahier de textes, il faut repréciser le statut de l'écrit comme aide-mémoire et non substitut de la mémoire. Voir le paragraphe 2.1.3.3.1. *Objection sur le rôle des objets.*

2.2.2. Obliger la pensée

Avant de laisser le jeune se jeter sur son cahier de texte ou son agenda, proposons-lui de solliciter sa pensée avec un protocole de séparation dans l'espace.

2.2.2.1. Protocole de séparation dans l'espace

• Mettre la source d'information à un endroit.
• À un autre endroit, arriver à redire l'information recherchée.
• S'autoriser à faire autant d'allers-retours que nécessaire avec l'objectif de fabriquer un souvenir de l'information recherchée pour arriver à la dire.
Exemple :
- on a mis le cahier de texte sur une table à côté de nous ;
- l'enfant peut aller consulter le cahier de textes librement, le cahier reste

sur la table, seul l'enfant se déplace ;
- l'enfant revient pour nous dire, de mémoire, les devoirs à faire.

2.2.2.2. Introduire le protocole de séparation dans l'espace

Comment proposer cela au jeune ? Avec une question en apparence simple : « Réfléchis-tu mieux avec ou sans ton cerveau ? ».
En général, la réponse est : « Avec. »[56].
D'où la suite : « Comment vérifier que notre cerveau a bien pris les informations ? »[57].
Il y a une façon simple : on met l'énoncé à un endroit, on dit à un autre endroit. Si après avoir lu l'énoncé on ne souvient de rien, c'est que notre cerveau n'a pas les informations…
Donc, nous pouvons toujours utiliser ce **protocole de séparation dans l'espace** très simple et très efficace[58].
Si la personne ne peut pas se déplacer, on utilise un **protocole de séparation dans le temps** où, au lieu de mettre la source d'information à un endroit, on la cache quand on doit la redire.

Reprenons le fil de l'échange. Nous précisons au jeune : « Tu vas mettre ton agenda là-bas, tu vas le regarder et le laisser là-bas et tu viendras me dire ici ce qu'il y a à faire. » Ou bien, pour un protocole de séparation dans le temps : « Tu vas regarder ton agenda, puis tu vas le fermer ou le cacher, et une fois l'agenda fermé ou caché, tu me diras ce que tu dois faire. ».
Et une fois cela accompli, nous passons au niveau suivant, le niveau 3, la ceinture orange.

2.2.3. Parmi les pièges du niveau 2

Si nous lisons les devoirs à la place du jeune, il va nous admirer manipuler son cahier de texte et rester dans une attitude passive. Jusqu'ici, il n'a rien fait pour ses devoirs !

---

56 En général, car les disciples de Nietzsche, qui dit ne pas penser mais que ça pense en lui, se recrutent à tout âge. Si vous rencontrez cette objection, présente aussi chez Arthur Rimbaud, consultez un spécialiste capable d'une joute philosophique.

57 Sur les relations entre le cerveau et la personne, et les questions qui peuvent surgir à ce sujet, cf. mon ouvrage, en préparation, sur les trois trucs bon à savoir sur le cerveau.

58 Largement utilisé par Horace Lecoq de Boisbaudran, professeur d'illustres artistes dont Auguste Rodin, ce protocole tomba injustement dans l'oubli.

2.3. Face à un objectif – Vérifier la pertinence, renforcer la confiance

> Reprenons le fil des échanges.
> *Après avoir nourri le ventre, pacifié le cœur, préparé l'esprit, nous posons la question :* « As-tu des devoirs à faire ? ».
> *Face aux réponses de l'objectif, du type :* « Les devoirs à faire sont ... », « Je dois faire... » *ou même* « Je n'ai rien à faire. », *nous allons vérifier la pertinence de la réponse et renforcer la confiance.*

Le jeune vous livre une liste de devoirs à faire, parfois réduite à un simple rien (ce « rien » qui, avouons-le, nous surprend généralement). Nous reformulons : « **Si j'ai bien compris**, tu as ... à faire. »
Nous cherchons ensuite à stabiliser la pensée, soit avec la technique du dialogue pédagogique si nous la connaissons (piste du dialogue), soit simplement en interrogeant sur la qualité du souvenir (piste de la qualité). En résumé
Objectif énoncé $\rightarrow$ vérifier la pertinence, renforcer la confiance.
Examinons une à une les différentes pistes.

2.3.1. Piste du dialogue – Ouvrir sur le dialogue (pour les experts)

La technique du dialogue pédagogique fait l'objet d'un livre à part entière, le tome 5 de cette série. Nous y empruntons quelques outils.

Écouter, reformuler, préciser les réponses
Pour renforcer la pensée et la capacité de la personne à agir, nous pouvons toujours :
– écouter les réponses en nous taisant ;
– reformuler (voir aussi la sous-section 2.1.4.1. *Reformuler pour bien comprendre*) ;
– et aider à préciser ces réponses.
Reprenons ces trois temps.

• Nous écoutons les réponses.
Exemple :
   « Je ne dis rien pour mieux t'écouter. »

• Nous les reformulons.
Exemple :
   « Si j'ai bien compris ce que tu as dis... »

• Vous demandez des précisions sur les réponses afin de renforcer la pensée.
Exemples :
  « Et tu as maths le matin ou l'après-midi ? »
  « Et en maths c'était de l'algèbre, de la géométrie ?... »

2.3.2. Vérifier la pertinence, renforcer la confiance

Nous pouvons reformuler ce que le jeune vient de dire puis repréciser le statut des souvenirs.
Exemple de dialogue :
– Si j'ai bien compris ce que tu as dis, tu as (ça) à faire. C'est ça ou non ?
– (oui : nous poursuivons / non, nous reformulons)
– Tu le sais peut-être, le premier travail de l'élève est de se fabriquer des souvenirs du cours. Si tu veux, j'ai même une BD sur le sujet (voir 2.1.2.1. *Le premier travail de l'élève*).
Alors nous allons nous entraîner à renforcer tes souvenirs. Tu pourras ainsi savoir s'ils sont pertinents[59] et par la même occasion renforcer ta confiance en toi puisque tu verras que tu fais bien travailler ton cerveau.
Du coup, je te pose cette question : « En es-tu sûr(e) (qu'il y a ... à faire) ?
faire) ?
Si tu me réponds oui, la question d'après sera « Comment le sais-tu ? » pour que tu puisses découvrir comment tu fabriques des souvenirs.
Si tu me réponds non, la question d'après sera : « Comment pourrais-tu être sûr(e) de ce qu'il y a à faire ? ».
(Et si tu me réponds peut-être, ce sera comme non.)

→ L'enfant est sûr. Nous passons au niveau 3. Comment ? Nous vérifions avec une confrontation avec l'énoncé ou le cahier de textes, que nous avons mis à distance pour arriver à le redire de tête.
→ L'enfant n'est pas sûr. On met le cahier de textes à distance et il doit redire (ou réécrire, etc.) les devoirs à faire. Une fois ceci accompli, nous passons au niveau 3.

2.3.3. Autonomie ou indépendance ?

L'autonomie[60] se distingue de l'indépendance. L'autonomie consiste à être conscient de ses besoins et de les exprimer afin de les satisfaire pour mener sa tâche à bien. L'autonomie est la connaissance de ses

---

59 pertinent : ♦ approprié, convenable (qui est tel qu'il convient), adéquat, qui est en rapport avec le sujet ♣ du latin *pertinens*, qui tend à travers pour saisir ce qui convient.

propres (*auto*) lois (*nome*[61]) ce qui permet de s'administrer soi-même.

Faire savoir ce dont on a besoin pour accomplir une tâche fait partie des responsabilités du jeune.

Cependant, comme il apprend justement à être autonome, il peut rencontrer des difficultés pour :

- identifier ses besoins ;
- distinguer ses besoins de ses envies ;
- formuler ses besoins ;
- entre autres choses.

La tâche est rude. Notre rôle d'accompagnant n'est pas de faire à la place, mais de permettre à l'autre de faire. Nous pouvons l'y aider de diverses façons. Fournir une liste de besoins déjà identifiés, ou de façons de réaliser la tâche, peut aider.

Si nous sommes parents, c'est à nous de répondre aux besoins de l'enfant. C'est sans doute d'ailleurs notre rôle fondamental. Mais pas de répondre aux envies. Par exemple nous nourrissons nos enfants, ils ne meurent pas de faim : nous pourvoyons à leurs besoins alimentaires, mais pas à leurs désirs de sucreries.

Répondre à un besoin est un droit, répondre à un désir un privilège. On peut révoquer un privilège, pas un droit.

Révoquer un privilège crée éventuellement une frustration salutaire : l'enfant cherchera un moyen d'accéder à ses désirs par lui-même.

Supprimer un droit engendre souvent rébellion, révolte, révolution…

Refuser à son enfant des sucreries le fera peut-être tout d'abord bouder puis minauder pour obtenir les douceurs convoitées.

Refuser de lui donner à manger provoquera des réactions plus violentes…

La quête de l'autonomie passe par une conscience plus développée, notamment celle de savoir ce qu'il y a à faire. C'est le niveau 3, la ceinture orange, la couleur de l'aurore, le moment où le disque solaire pointe à l'horizon.

---

60 ♣ Du grec αὐτονομία, autonomía, de αὐτός, autós, soi-même, et νέμω, némô, guider, administrer : étymologiquement, l'autonomie est le fait de se guider soi-même.

61 ♣ le suffixe -nomie se retrouve dans *astronomie*, la loi des astres, *économie*, etc., le suffixe -nome se retrouve dans *métronome*, l'appareil qui donne la loi, la référence, de la mesure (*métro-*), etc.

Niveau 3

Il faut être sûr(e) de ce que l'on nous demande

Intérioriser l'objectif.

Ceinture orange

Niveau 3

Niveau 1 : Il faut être disponible – Avant de commencer le travail, préparer le terrain.

Niveau 2 : Il faut savoir ce que l'on nous demande – Identifier les devoirs à faire, identifier l'objectif.

Niveau 3 : Il faut être sûr(e) de ce que l'on nous demande – Intérioriser l'objectif.

Niveau 4 : Il faut comprendre ce que l'on nous demande – Avoir l'assurance de ce qui est demandé.

Niveau 5 : Il faut avoir de quoi faire ce que l'on nous demande – Mobiliser ses connaissances.

Niveau 6 : Faire ce qui est demandé – Commencer le travail.

Niveau 7 : On trouve la méthode utilisée – Clarifier les moyens d'agir.

Niveau 8 : On vérifie que cette méthode est bonne – Agir en conscience.

Niveau 9 : On s'imagine utiliser cette méthode en contrôle – Préparer la réussite.

Reprenons le fil des échanges :

Après avoir nourri le ventre, pacifié le cœur, préparé l'esprit, nous posons la question : « As-tu des devoirs à faire ? ».

Le jeune est arrivé à nous dire ce qu'il devait faire. Nous poursuivons avec cette question : « Tu m'as dit les devoirs à faire dans telle matière. Maintenant, pourrais-tu regarder l'énoncé (du premier exercice) pour me dire ensuite de tête ce que l'on te demande de faire ? »

Le jeune regarde l'énoncé, le lit. Nous lui avons demandé d'intérioriser l'objectif. À quoi cela sert-il ? Plus notre cerveau disposera d'informations précises sur le sujet à traiter, plus il travaillera efficacement.

Prenons deux situations.

• Première situation :

– Je ne comprends rien à mes maths.

– Qu'est-ce qu'on te demande ?

– Je n'en sais rien, je n'y comprends rien !

• Seconde situation :

– Je ne comprends rien à mes maths.

– Qu'est-ce qu'on te demande ?

– De résoudre $3x + 7 = 28$.

Dans la première situation, le cerveau cherche ce qu'il sait sur les maths : ça fait beaucoup d'informations à traiter ! On est perdu.

Dans la seconde situation, le cerveau cherche ce qu'il sait sur $3x+7=28$: ça fait quand même moins à chercher que dans la première situation !

Dans la première situation, on cherche une aiguille dans une botte de foin. Dans la seconde, dans une boîte à couture.

En intériorisant l'objectif, nous faisons un bond qualitatif.

Même pour l'accompagnant il sera plus facile d'aider le jeune dans la seconde situation que dans la première : la cible est mieux délimitée, le champ de recherches est plus précis.

Et pour gagner du temps, nous utiliserons quelque chose qui semblera nous en faire perdre. Voyons quoi.

3.1. Lire un énoncé ou une leçon

Oui, une fois de plus, ce sera le protocole de séparation dans l'espace, à utiliser et à faire utiliser dès que possible.

Nous voulons que le jeune devienne acteur de son apprentissage : il deviendra acteur du film « Faisons les devoirs ensemble »[62]. Son rôle ? Jouer le texte, celui de l'énoncé, de la leçon, de la récitation, etc., en le déclamant, l'incarnant, le dessinant ou le transposant dans la réalité avec des objets, peu importe comment[63].

Pour jouer son rôle, le jeune a besoin d'un décor : nous allons l'aménager afin qu'il puisse s'y investir. Et il s'y déplacera librement : nous allons expliquer en quoi ces déplacements sont importants.

3.1.1. Bouger le corps pour mouvoir la pensée

Pour mieux se représenter la situation, prenons l'exemple d'un parent, mais ce serait la même chose avec un accompagnant : personne aidant aux devoirs, maître d'internat, enseignant chargé de l'aide, surveillant chargé de l'étude, etc.

---

62 Comme dans les pièces classiques, nous trouverons une unité de lieu, une unité de lieu et une unité d'action. Les devoirs se font à un endroit, sur une durée précise, avec une action continue même si elle peut être entrecoupée de pauses.

63 Nous pouvons combiner les sept niveaux de compréhension et les six modes d'expression, ce qui donne quarante-deux façons de travailler son cours. Cf. *Les 32 joyaux de la pensée* et le tome 3 de la série.

Le parent est dans un endroit de la maison, disons la cuisine pour faciliter la description. Son enfant veut travailler sur un exercice de maths. Pour l'obliger à penser la consigne, le parent lui demande de venir le voir à la cuisine, et d'être capable de réciter par cœur l'énoncé de l'exercice et/ou de l'expliquer sans avoir besoin ni de son cahier, ni de son livre (sans aucun support de son cours).

L'enfant est libre de faire autant d'allers-retours qu'il souhaite ou dont il a besoin. En quoi cette liberté de mouvement est-elle utile ?

3.1.1.1. Le corps en mouvement nourrit les besoins physiques

Contrairement à la salle de classe où l'élève passe le plus clair de son temps assis et immobile, réduisant son corps au silence, à l'inactivité voire à sa négation pure et simple, et ce alors même qu'il est en pleine croissance, l'endroit où l'on fait les devoirs peut devenir une zone de liberté relative. Se déplacer entre l'endroit où se situe l'information (énoncé, leçon, texte, modèle, etc.) et celui où se situe le travail à faire (exercice, fiche, récitation, copie, etc.) permet au corps de bouger un peu. Et de participer à l'activité. Il y a donc, *de facto*[64], une alliance entre le corps et la pensée. La séparation dans l'espace permet ainsi une meilleure coordination neuromusculaire, donnant l'habitude aux muscles et aux neurones de travailler ensemble à un objectif commun.

Le corps peut également trouver là de quoi bouger un peu, ce qui est un besoin organique fondamentale. Des articulations comme les genoux par exemple se détériorent si elles restent immobiles.

Si au contraire le complexe reptilien, premier étage du cerveau, en charge du stock d'énergie allouée au corps, trouve qu'il y a trop d'allers-retours entre l'énoncé et l'exercice, que cela va être coûteux en énergie, il pressera le néo-cortex à fabriquer des souvenirs de meilleure qualité afin d'économiser les déplacements. Au lieu de cinq allers-retours, nous n'en ferons que trois…

3.1.1.2. Le corps en mouvement nourrit les besoins affectifs

Accompagner les devoirs, ce n'est pas un cours. Contrairement à l'immobilité imposée en classe, le temps des devoirs permet de s'approprier l'espace d'une autre façon, de se familiariser avec. Implicitement, cela nourrit des besoins affectifs, comme de rendre agréable le monde qui nous entoure.

---

64 *de facto* : de fait. Expression latine utilisée en français, comme pour rappeler que derrière le français se cachent toujours le latin et le grec…

L'enfant n'est pas dupe non plus : il sait très bien que la façon standard de faire les devoirs c'est « assis pas bougé ». Au lieu d'être enchaînés tous les deux à une table de travail comme l'un jouant le forçat scolaire et l'autre le garde-chiourme, nous faisons preuve de suffisamment de confiance en l'enfant pour le laisser faire des allers-retours tandis que nous-même pouvons vaquer à de menues occupations. Il nous en sait gré. Et s'il bougonne, c'est peut-être parce que nous le bousculons en l'obligeant à sortir d'une indolence[65] stérile où il rêvait nous voir faire ses devoirs à sa place.

3.1.1.3. Le corps en mouvement nourrit les besoins intellectuels

Au lieu de s'appuyer seulement sur elle-même, la pensée s'appuie sur un corps en mouvement qui préfigure[66] les gestes mentaux. **La mobilité du corps entraîne celle de la pensée.**
Le simple fait de marcher, donc d'alterner pied gauche et pied droit, oblige une circulation dans le cerveau entre hémisphère droit et hémisphère gauche, ce qui permet une meilleure tenue de la pensée.
La marche permet également une meilleure oxygénation car une meilleure respiration… Et vous voulez continuer de faire travailler le jeune cloué à une chaise ?!…

Voilà pour l'action. Regardons le lieu.

3.1.2. Investir le lieu pour s'investir dans les devoirs

3.1.2.1. Choisir, ensemble ou non, deux endroits et un trajet

Peu importe le lieu où nous faisons les devoirs, il faut pouvoir circuler sans entraves dans cet espace, et y respirer. À nous de l'aménager afin que le jeune puisse s'y investir. Nous choisissons notre place, dans notre exemple la cuisine : à lui de choisir où mettre l'information (énoncé, leçon, texte, modèle, etc.), et le trajet qu'il empruntera ; ou bien nous pouvons négocier avec lui cet emplacement et le parcours.

---

65 indolence : disposition à éviter tout effort, toute peine
66 préfigurer : figurer à l'avance, annoncer de façon imprécise

3.1.2.2. Séparation dans le temps pour les lieux fixes

Que faire lorsque le lieu n'autorise aucun déplacement, comme l'habitacle d'une voiture[67] ? Point de séparation dans l'espace ici : ce sera une séparation dans le temps. Comme dans un film où chacun sort ses répliques, chacun parlera à tour de rôle, et laissera à l'autre le temps de le faire. Et, point crucial de la séparation dans le temps, on cache tour à tour l'information et ce que l'on en fait. Dans la voiture par exemple, il ne s'agira pas de lire l'énoncé (pour ceux épargnés par le mal des transports), il s'agira de regarder l'énoncé, de le cacher pour le dire ensuite, et de faire ces allers-retours entre ce que l'on voit en étant muet et ce que l'on dit en cachant.

Si on ne lit pas, on peut entendre le texte pour ensuite le répéter. Par exemple, vous pouvez énoncer une définition. L'enfant doit la répéter. Une fois qu'il a parlé, vous lui demandez si d'après lui c'est ça ou non (question de la confiance, prise pirouette) et après sa réponse, de quoi il aurait besoin pour être sûr de sa réponse (question de l'autonomie, prise cacahuète). Au besoin vous redonnez la définition afin qu'il vérifie si ce qu'il dit est juste ou non.

Voilà pour l'espace. Regardons le temps.

3.1.3. Allouer un temps pour gagner en intensité

Nous avons aménager l'espace, faisons de même pour le temps. Comment ?

3.1.3.1. Définir un temps pour chaque activité

Cyril Parkinson[68] énonça la loi suivante : « tout travail tend à se dilater pour remplir tout le temps disponible »[69]. En ce qui nous concerne, cela signifie que si nous donnons huit minutes pour lire un énoncé, la lecture de cet énoncé prendra… huit minutes ! Et ce alors que deux minutes aurait suffi.

Conséquence : l'accompagnant peut impartir un temps raisonnable pour accomplir une tâche. Ni trop, ni trop peu.

---

67 en clair l'intérieur de votre auto !

68 Cyril Northcote PARKINSON (1909 – 1993), professeur d'histoire à l'Université de Malaisie à Singapour, publia cette loi en 1955 dans *The Economist*.

69 Work expands so as to fill the time available for its completion.

3.1.3.2. Faire des pauses pour respirer

De même, le rythme, ou l'alternance travail – pause, influe sur la qualité.
Il y aurait des contraintes neurologiques : pour bénéficier d'une attention optimale, il faudrait travailler au moins vingt minutes, et faire une pause de dix minutes maximum. En dessous de vingt minutes de travail, le cerveau prendrait l'activité pour une pause, et au-delà de dix minutes de pause, il prendrait la pause pour l'activité principale.

J'aurais tendance à croire que le rythme de travail idéal serait six temps d'activité suivi d'un temps de pause. Cela se retrouve presque dans la méthode Pomodoro préconisant des cycles de 25 minutes de travail puis 5 minutes de pause.

Y a-t-il un rythme universel ou est-ce à nous de trouver celui qui convient à chacun ? Pour répondre à cette question, l'accompagnant peut devenir la mémoire du jeune : il peut noter qu'il y a des temps de travail et des temps de pause plus ou moins efficaces, selon le jour de la semaine, l'heure de la journée, la matière, le sujet, etc. et en faire part au jeune.
L'accompagnant et le jeune peuvent chercher ensemble le temps efficace pour accomplir chaque tâche.

Allouer un temps pour chaque activité permet de la vivre avec davantage d'intensité. Laisser tout le temps disponible à une activité, c'est lui donner la possibilité de la retrouver plus tard, puisqu'elle occupe tout le temps, et donc de la remettre à plus tard. À quoi bon la faire maintenant puisqu'elle sera là dans dix minutes, et vingt et trente ?…
Au contraire, allouer un temps précis pour chaque activité incite à la mener à bien, à la saisir au bond. On peut de surcroît facilement envisager ce que nous ferons après, et accepter ainsi l'effort nécessaire à son accomplissement.

Nous voici désormais avec un espace aménagé pour être investi, un temps alloué pour être rythmé, une action libéré pour solliciter la pensée.
Cette combinaison favorise l'élévation du niveau de conscience, avec une répercussion sur les cinq gestes mentaux de base : attention, réflexion, compréhension, mémorisation, imagination.

L'enfant va donc lire le travail à faire et revenir pour nous le dire.
Poursuivons.

3.2. Confiance dans la lecture

Le jeune vient de lire le travail à faire, il revient et nous le dit. Il peut le dire avec ses propres mots ou comme c'est écrit, peu importe ici, en une seule fois ou en plusieurs fois.

Nous utilisons alors la question de la confiance : « Tu as lu l'énoncé : d'après toi, que te demande-t-on ? ».
Nous pouvons classer les réponses en deux grands types.
Soit la personne a une idée plus ou moins claire de ce qui est demandé , soit elle n'a aucune idée.

3.2.1. Une idée de l'objectif

Le jeune a lu l'énoncé. Il arrive à nous le redonner de tête tel quel[70] ou énonce à sa manière ce qu'on lui demande[71].

Nous pouvons passer au niveau 4.

3.2.2. Aucune idée de l'objectif

La personne n'a aucune idée de ce qu'on lui demande dans l'énoncé. À notre question, elle répond quelque chose du style « Je ne sais pas », réponse de l'ignorance (voir la sous-partie 2.1. *Face à l'ignorance : l'autonomie*).
Afin de renvoyer la personne à sa responsabilité pédagogique, et son pouvoir d'action, nous répondrons par la question de l'autonomie : « Comment pourrais-tu faire pour savoir ? » ou « De quoi aurais-tu besoin pour savoir ? ».Elle a une idée ou non. Voyons chaque cas.

3.2.2.1. Autonomie

Elle a une idée des moyens à mettre en œuvre pour savoir : nous l'accompagnons ou la questionnons (voir la partie 2.1.4. *Face à l'autonomie – sécuriser et questionner*).

3.2.2.2. Les quatre niveaux fixes de l'échelle de compréhension

Elle n'a pas d'idée sur que faire : nous allons utiliser la séparation dans l'espace avec l'échelle de compréhension.
① L'énoncé ou la source d'information que peut être la leçon, le texte, le modèle, etc, est resté à sa place, séparé dans l'espace du lieu où nous nous trouvons.
② La personne choisit de fabriquer un souvenir de l'énoncé, etc., soit à l'identique, soit d'une autre façon.

---

70 indice du geste de mémorisation
71 indice du geste de compréhension

Nous pouvons lui proposer les quatre niveaux fixes[72] de l'échelle de compréhension :
– redire ou réécrire avec d'autres mots (*niveau écrit/oral*) ;
– transformer en dessin l'énoncé, etc. (*niveau dessin*) ;
– représenter l'énoncé, etc., avec des objets (*niveau objet*) ;
– mimer, danser, incarner l'énoncé, etc., (*niveau corps*).
③ La personne va voir l'énoncé autant de fois qu'elle veut : elle peut découper l'énoncé, etc., en morceaux de la taille de son choix.
La bonne taille de souvenir, c'est celle qui permet de réussir !
④ Nous redescendons l'échelle de compréhension pour passer du niveau corps au niveau objet puis au niveau dessin puis au niveau écrit/oral.
Lorsque la personne a mimé, dansé ou incarné l'énoncé, etc., elle poursuivra en le représentant avec des objets.
Lorsque la personne a représenté représenter l'énoncé, etc., avec des objets, elle poursuivra en le transformant en dessins.
Lorsque la personne a transformé l'énoncé en dessins, elle poursuivra en le redisant ou en le réécrivant avec d'autres mots.
Le nombre d'allers-retours est libre.
Dès que la personne arrive à donner à l'oral une idée de l'objectif, nous passons au niveau 4.

---

72 L'échelle de compréhension compte quatre niveaux fixes et trois niveaux intermédiaires. Cf. les tomes 1, 2, 3 et 4 de cette série.

Niveau 4

Il faut comprendre
ce que l'on nous demande

Avoir l'assurance de l'objectif.

Tenir sa position

Ceinture verte

Niveau 4

Niveau 1 : Il faut être disponible – Avant de commencer le travail, préparer le terrain.

Niveau 2 : Il faut savoir ce que l'on nous demande – Identifier les devoirs à faire, identifier l'objectif.

Niveau 3 : Il faut être sûr(e) de ce que l'on nous demande – Intérioriser l'objectif.

Niveau 4 : Il faut comprendre ce que l'on nous demande – Avoir l'assurance de ce qui est demandé. Tenir sa position.

Niveau 5 : Il faut avoir de quoi faire ce que l'on nous demande – Mobiliser ses connaissances.

Niveau 6 : Faire ce qui est demandé – Commencer le travail.

Niveau 7 : On trouve la méthode utilisée – Clarifier les moyens d'agir.

Niveau 8 : On vérifie que cette méthode est bonne – Agir en conscience.

Niveau 9 : On s'imagine utiliser cette méthode en contrôle – Préparer la réussite.

Reprenons le fil des échanges :

Après avoir nourri le ventre, pacifié le cœur, préparé l'esprit, nous posons la question : « As-tu des devoirs à faire ? ».

Le jeune est arrivé à nous dire ce qu'il devait faire. Nous poursuivons avec cette question : « Tu m'as dit les devoirs à faire dans telle matière. Maintenant, pourrais-tu regarder l'énoncé (du premier exercice) pour me dire ensuite de tête ce que l'on te demande de faire ? ».

Le jeune a regardé l'énoncé, l'a lu et a réussi à nous dire ce qu'on lui demande de faire. Nous enchaînons avec la question de la confiance :
« D'après toi, c'est ça ou non ? ».

→ Le jeune acquiesce : nous passons au niveau suivant.

→ Le jeune répond non. Nous utilisons alors la question de l'autonomie : « De quoi aurais-tu besoin pour savoir ? » avec ses réponses possibles déjà vues dès le 2.1. *Face à l'ignorance : l'autonomie.*

Nous pouvons impartir un temps pour trouver les besoins, trouver une réponse, etc. (voir 3.1.3.1. *Définir un temps pour chaque activité*). Et s'il ne nous reste plus de temps pour « terminer les devoirs », voir le niveau 9 afin que le jeune assiste au prochain avec l'objectif de trouver comment se sortir de l'impasse dans laquelle nous nous trouvons maintenant.

Niveau 5

Il faut avoir de quoi faire ce que l'on nous demande

Vérifier l'état de ses connaissances

Mobiliser ses connaissances

Ceinture bleue

Niveau 5

Niveau 1 : Il faut être disponible – Avant de commencer le travail, préparer le terrain.

Niveau 2 : Il faut savoir ce que l'on nous demande – Identifier les devoirs à faire, identifier l'objectif.

Niveau 3 : Il faut être sûr(e) de ce que l'on nous demande – Intérioriser l'objectif.

Niveau 4 : Il faut comprendre ce que l'on nous demande – Avoir l'assurance de ce qui est demandé. Tenir sa position.

Niveau 5 : Il faut avoir de quoi faire ce que l'on nous demande – Mobiliser ses connaissances.

Niveau 6 : Faire ce qui est demandé – Commencer le travail.

Niveau 7 : On trouve la méthode utilisée – Clarifier les moyens d'agir.

Niveau 8 : On vérifie que cette méthode est bonne – Agir en conscience.

Niveau 9 : On s'imagine utiliser cette méthode en contrôle – Préparer la réussite.

Reprenons le fil des échanges.

Après avoir nourri le ventre, pacifié le cœur, préparé l'esprit, nous posons la question : « As-tu des devoirs à faire ? ».

Le jeune est arrivé à nous dire ce qu'il devait faire.

– Tu m'as dit les devoirs à faire dans telle matière. Maintenant, pourrais-tu regarder l'énoncé (du premier exercice) pour me dire ensuite de tête ce que l'on te demande de faire ?

– Il y a … à faire.

– D'après toi, c'est ça ou non ?

– Oui.

– **As-tu tout ce qu'il faut pour faire ce qui est demandé ou manque-t-il des choses qui te permettraient de faire ce qui est demandé ?**

Plusieurs types de réponses sont possibles.

→ « Oui. » : nous passons au niveau suivant.

→ « Je verrai en faisant l'exercice. » : nous passons au niveau suivant, quitte à revenir en arrière sur les connaissances nécessaires.

→ « Non. » : Nous utilisons alors la question de l'autonomie : « De quoi aurais-tu besoin pour savoir ? » avec ses réponses possibles déjà vues dès le 2.1. *Face à l'ignorance : l'autonomie*, avec une piste supplémentaire, celle de l'autorisation, qui suit.

Piste de l'autorisation – « Vas-y ! Fais-le ! »
Certains jeunes ont besoin d'être rassurés : ils ont peur.
Peur de se tromper par exemple. Voici quelques idées pour s'en sortir.
1. La peur est légitime.
Dans la nature, sans griffes, sans crocs et sans carapace, sans course rapide ni nage véloce, nous sommes davantage des proies que des prédateurs. Nos ancêtres survécurent car ils avaient peur. Ceux qui n'avaient pas peur du lion leur servirent de dessert.
L'homme courageux a peur, mais sa peur n'occupe pas toute la place dans son cœur. Il a fait de sa peur une alliée, la transformant en vigilance au service de la confiance.
2. Peur, de quoi ?
Face aux peurs, une question sert de contrepoison : « Qu'est-ce que je risque ? ».Le risque de se tromper ? Le bébé qui refuse de se tromper n'apprendra pas à marcher. Non, quand nous pratiquons, nous faisons pleinement, nous ne faisons pas semblant. Voit-on des sportifs « faire semblant » de s'entraîner ?… Non, ils s'entraînent. Et ce n'est pas parce que ce n'est pas un « vrai » match que les footballeurs ne vont pas faire une « vraie » passe ou même jouer avec la main.
Il y a donc à bien repréciser que nous sommes avec le jeune en situation d'exercice, d'entraînement et pas de contrôle, de match. C'est lors de l'évaluation (contrôle, examen, match) que l'erreur est à éviter, pas en situation d'entraînement. Ce n'est pas en situation d'entraînement qu'il faut faire vite, c'est en situation de match, et la vitesse s'acquière par la lenteur comme tous les musiciens, les artistes et les sportifs le savent.

La peur remise à sa place, réinvitons le jeune à faire l'état de ses connaissances, pour y trouver le moindre indice d'action à accomplir.

3. Le statut du doute
Peut-être a-t-il un doute. Et ne dit-on pas en français, dans le doute abstiens-toi ?… Le vrai sens de cet aphorisme est « Dans le doute (de blesser quelqu'un), abstiens-toi. » Si quelqu'un devait mourir ou être blessé par notre action, il serait légitime de ne pas la mener. Mais est-ce le cas ici ? Non.
La formule devient celle du philosophe chinois WANG Yangming[73] : « Dans le doute agis. ».
Que risquons-nous ?… Rien !
Alors, vas-y ! Fais-le ! (et nous passons au niveau 6)

---

73 WÁNG Yángmíng 王陽明 / 王阳明, (1479 – 1529), grand philosophe chinois, homme d'action, général et homme d'État. Il lutta contre la corruption, enseigna aux gens du peuple comment se défendre tant avec leur esprit qu'avec leurs poings.

Niveau 6

Faire ce qui est demandé

Commencer le travail

Ceinture mauve

Niveau 6

Niveau 1 : Il faut être disponible – Avant de commencer le travail, préparer le terrain.

Niveau 2 : Il faut savoir ce que l'on nous demande – Identifier les devoirs à faire, identifier l'objectif.

Niveau 3 : Il faut être sûr(e) de ce que l'on nous demande – Intérioriser l'objectif.

Niveau 4 : Il faut comprendre ce que l'on nous demande – Avoir l'assurance de ce qui est demandé. Tenir sa position.

Niveau 5 : Il faut avoir de quoi faire ce que l'on nous demande – Mobiliser ses connaissances.

Niveau 6 : Faire ce qui est demandé – Commencer le travail.

Niveau 7 : On trouve la méthode utilisée – Clarifier les moyens d'agir.

Niveau 8 : On vérifie que cette méthode est bonne – Agir en conscience.

Niveau 9 : On s'imagine utiliser cette méthode en contrôle – Préparer la réussite.

Reprenons le fil des échanges :

Après avoir nourri le ventre, pacifié le cœur, préparé l'esprit, nous posons la question : « As-tu des devoirs à faire ? ».

Le jeune est arrivé à nous dire ce qu'il devait faire.

– Tu m'as dit les devoirs à faire dans telle matière. Maintenant, pourrais-tu regarder l'énoncé (du premier exercice) pour me dire ensuite de tête ce que l'on te demande de faire ?

– Il y a … à faire.

– D'après toi, c'est ça ou non ?

– Oui.

– As-tu tout ce qu'il faut pour faire ce qui est demandé ou manque-t-il des choses qui te permettraient de faire ce qui est demandé ?

– Oui. / Maintenant oui. / Je verrai en faisant l'exercice.

Le jeune fait ce que l'énoncé du devoir exige de lui. Il nous montre ce qu'il a réussi à faire.

– D'après toi, c'est juste ou non ?

Cette question peut surprendre, surtout si la réponse du jeune est juste. S'il nous répond qu'elle est fausse, nous serons encore davantage surpris. Et inquiets de l'avoir déstabilisé. Non, nous ne l'avons pas déstabilisé, nous avons mis en évidence une fragilité, un point à consolider.

En situation de contrôle, de match, de combat (selon la discipline !) ou d'évaluation (d'une façon générale), l'élève réussira d'autant mieux qu'il peut s'appuyer sur des connaissances « solides ». Combien d'élèves répondent d'abord juste sur leur copie, mais doutant de la solidité de leur réponse, barrent pour écrire une autre réponse, fausse ?...C'est que leur connaissance était fragile. Aussi vaut-il mieux détecter cette fragilité *avant* le contrôle que *pendant* (ou *après*).

D'où la question au jeune s'il est sûr de sa réponse. Nous recherchons un sentiment de certitude.

Pour illustrer ce sentiment de certitude que nous devons avoir pour nos connaissances, je fais vivre la situation suivante à une personne volontaire avec laquelle j'estime pouvoir prendre le risque d'une déstabilisation (car j'estime pouvoir ensuite lui permettre de retrouver sa stabilité)[74]. Je lui demande : « C'est quoi ton prénom déjà ? ». Et une fois qu'elle me l'a donné, de recommencer, voire même d'insister : « Tu es sûr que tu t'appelles Untel ? » Et de recommencer à demander le prénom, voire de poursuivre encore « Non, mais, tu es vraiment sûr que tu t'appelles Untel ? ». Normalement, le prénom ne change pas même au bout de la troisième question. Je dis alors à la personne qu'elle est donc bien sûre de son prénom : elle a un sentiment de certitude. C'est le même sentiment de certitude qu'elle doit avoir pour ses autres connaissances. Ce sentiment de certitude sera même reposant et se joint au sentiment du devoir accompli. Nous pouvons alors dire avec contentement : « J'ai fait ce que j'avais à faire. ».

À cette question de la confiance, « D'après toi, c'est ça ou non ? », le jeune peut répondre oui et nous passons au niveau suivant.

→ S'il répond non, nous poursuivons avec la question de l'autonomie : « De quoi aurais-tu besoin pour être sûr(e) ? », ou dit autrement : « Comment pourrais-tu être sûr(e) ? ». Et nous suivons la piste déjà rencontrée à la sous-partie 2.1. *Face à l'ignorance : l'autonomie.*

→ S'il répond ne pas savoir, nous passons au niveau suivant qui cherche la méthode utilisée pour trouver la réponse, et donc sa justesse.

---

74 Une pratique analogue existe dans les arts chevaleresques dit improprement « martiaux » : les situations de surpoids, où pour favoriser une prise de conscience on ajoute du poids à un endroit du corps.

Niveau 7

On trouve la méthode utilisée

Clarifier les moyens d'agir

Ceinture brune

Niveau 7

Niveau 1 : Il faut être disponible – Avant de commencer le travail, préparer le terrain.

Niveau 2 : Il faut savoir ce que l'on nous demande – Identifier les devoirs à faire, identifier l'objectif.

Niveau 3 : Il faut être sûr(e) de ce que l'on nous demande – Intérioriser l'objectif.

Niveau 4 : Il faut comprendre ce que l'on nous demande – Avoir l'assurance de ce qui est demandé. Tenir sa position.

Niveau 5 : Il faut avoir de quoi faire ce que l'on nous demande – Mobiliser ses connaissances.

Niveau 6 : Faire ce qui est demandé – Commencer le travail.

Niveau 7 : On trouve la méthode utilisée – Clarifier les moyens d'agir.

Niveau 8 : On vérifie que cette méthode est bonne – Agir en conscience.

Niveau 9 : On s'imagine utiliser cette méthode en contrôle – Préparer la réussite.

Reprenons le fil des échanges :

Après avoir nourri le ventre, pacifié le cœur, préparé l'esprit, nous posons la question : « As-tu des devoirs à faire ? ».

Le jeune est arrivé à nous dire ce qu'il devait faire.

– Tu m'as dit les devoirs à faire dans telle matière. Maintenant, pourrais-tu regarder l'énoncé (du premier exercice) pour me dire ensuite de tête ce que l'on te demande de faire ?

– Il y a … à faire.

– D'après toi, c'est ça ou non ?

– Oui.

– As-tu tout ce qu'il faut pour faire ce qui est demandé ou manque-t-il des choses qui te permettraient de faire ce qui est demandé ?

– Oui. / Maintenant oui. / Je verrai en faisant l'exercice.

Le jeune fait ce que l'énoncé du devoir exige de lui. Il nous montre ce qu'il a réussi à faire.

– D'après toi, c'est juste ou non ?

– Oui. / Maintenant oui. / Je ne sais pas.

– **Comment sais-tu que c'est juste. / Comment as-tu trouvé cette réponse ?**

L'enfant a trouvé une réponse à la question demandée. Comment savoir si c'est la bonne réponse ?
Comme l'exercice en contrôle ne sera pas obligatoirement le même, mais la méthode si, il s'agit de trouver la méthode utilisée. Seule la méthode est transférable.

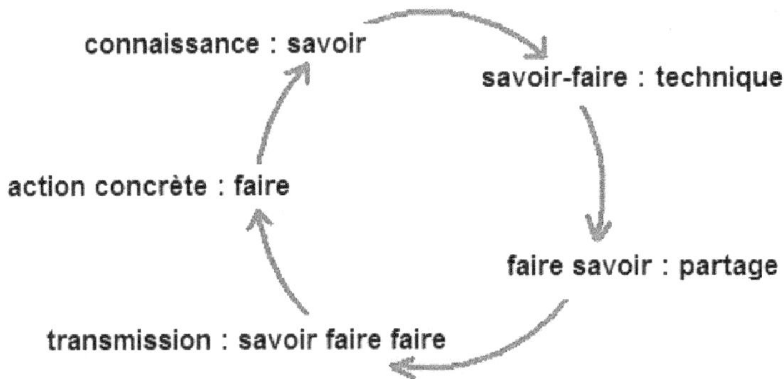

Grâce à l'accompagnement, le jeune va développer sa capacité à **partager** l'information. Il doit **faire savoir** que sa réponse est correcte.
Souvent nous nous lamentons de ne pas être expert(e) dans une matière que le jeune travaille. Réjouissons-nous ! Ce manque de connaissances peut être notre plus grand atout : moins nous en savons, plus le jeune devra nous expliquer, justifier sa réponse, argumenter son propos. Quelle chance de ne pas être prof dans cette matière !
Notre ignorance l'aide à passer dans le cycle de l'apprentissage (voir 2.1.2.3. *Le cycle de l'apprentissage*) du « savoir-faire » au « faire savoir ». Et plus on avance dans la scolarité, et plus cette faculté est demandée, et valorisée.
D'où cette du question du « Comment … ? » à laquelle le jeune peut avoir une idée ou non.

Si le jeune a une idée du comment en sachant y répondre : passons au niveau suivant.
Sinon, face à une méconnaissance, apportons des connaissances (comme au 2.1.3. *Face à la méconnaissance : renouer avec la connaissance*) : sur l'espace-temps, sur les êtres et les choses.

7.1. Connaissance de l'espace-temps

7.1.1. Faire surgir la méthode entre données et objectif

Piste spatio-temporelle - Proposer des pistes
Tout d'abord, la méthode est ce qui permet de passer des données à l'objectif recherché[75].

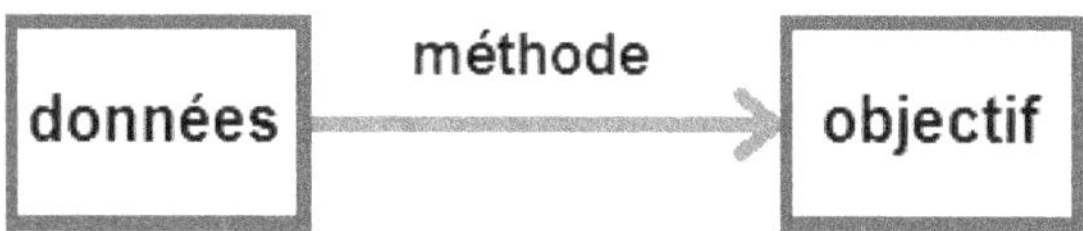

Je vais développer un exemple pour montrer que nous avons besoin des trois constituants présents sur ce schéma (données, méthode, objectif).

Prenons l'exemple d'un jeune qui peut avoir trouvé une réponse juste, savoir qu'elle est juste, sans savoir comment. Son cerveau a fait le travail, et c'est déjà bien ! Et pourtant, il est inquiet à la question du comment. Alors rassurons-le.

Quand un enseignant demande « Comment as-tu fait pour trouver ce résultat ? », ce n'est pas la vraie question. La vraie question est : **« Comment un élève de ton niveau scolaire pourrait retrouver le même résultat ? »**.

Contrairement à ce que pensent nombre d'élèves, on ne leur demande pas *comment ils ont fait eux, dans leur tête* mais **comment les autres pourraient faire** ! (toujours le *savoir-faire* du cycle de l'apprentissage)

Nous recherchons bien la méthode utilisée, qui seule ne suffit pas non plus à garantir la bonne réponse.

En effet, il y a des personnes qui ont la bonne méthode, mais trouvent le mauvais résultat à cause d'erreurs en cours de chemin.

Il y a des personnes qui trouvent le bon résultat, parce que leur cerveau l'a trouvé sans qu'elles sachent trop comment.

Sans développer d'autres exemples, je dirai que nous cherchons les trois constituants sans en oublier aucun :
– les données ;
– l'objectif recherché ;
– la méthode qui permet de passer de l'un à l'autre.
La maîtrise vient de la connaissance de la fin et des moyens.

Pour identifier la méthode, nous pouvons séparer à l'écrit d'un côté

---

75 Données et objectif relèvent de l'espace, la méthode du temps, cf. tome 4.

quelles sont les données, d'un autre quel est l'objectif, et rechercher ce qui nous permet de passer de l'un à l'autre ou de l'autre à l'un[76].

7.1.2. Convoquer des souvenirs

La question « As-tu déjà fait un exercice comme celui-ci ? » gagnera en efficacité avec un peu d'espace ou un peu de temps.

• Piste temporelle : quand ? Proposer un moment du cours

Exemple :
  « As-tu déjà fait un exercice comme celui-ci cette semaine ? »

• Piste spatiale : où ? Proposer un endroit du cours.

Exemple :
  « Dans quelle partie du cours aurais-tu fait un exercice similaire ? »

7.2. Connaissance de soi – Relation entre les trois ex- et la loi

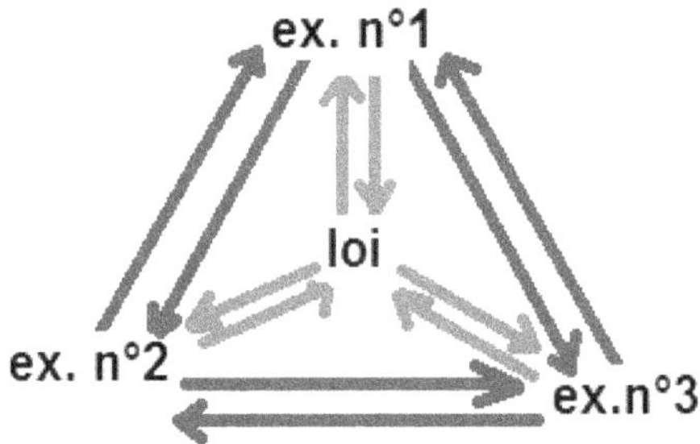

Parmi les trois ex-, exercice, expérience, exemple, nous pouvons rechercher quel ex- ressemble à l'ex- qui est sous nos yeux.
Nous pouvons rechercher la loi qui relie ces ex-.
Certains comprennent en enchaînant les ex-, d'autres avec la loi qui relient ou est le point commun de ces ex- : à nous d'explorer chacun de ces versants cognitifs. Les deux sont utiles.

---

76 Ici nous sollicitons le geste de réflexion, cf. tome 3. C'est également le début de la technique d'harmonisation.

7.3. Connaissance des êtres et des choses – Suggérer une aide extérieure

• Piste des choses : proposer de trouver un objet qui permette d'agir.

Exemples :
« Y a-t-il cette information dans tes notes, dans un livre ? »

• Piste des êtres : proposer de trouver une personne qui permette d'agir.

Exemples :
« Y a-t-il quelqu'un qui t'a montré ou dit comment faire ou que tu as vu ou entendu faire ? »

→ Si malgré ces invitations à la connaissance le jeune reste bloqué, passons au niveau 9, où la correction apportera la méthode recherchée.

Bien sûr, la mission du jeune pour la prochaine séance d'accompagnement sera d'expliquer la méthode utilisée qu'il n'arrivait pas à trouver aujourd'hui mais qu'il saura faire et argumenter la prochaine fois !

→ Si le jeune a trouvé une méthode pour « **justifier** » sa réponse, en réalité **être juste avec les autres en la leur rendant accessible**, nous passons au niveau suivant.

Oui, justifier sa réponse, c'est la rendre juste, c'est faire preuve de justice. Et n'est-ce pas justice que de partager équitablement avec le reste de l'humanité ?

Passons au niveau 8.

Niveau 8

On vérifie que
cette méthode est bonne

Agir en conscience

Ceinture rouge

Niveau 8

Niveau 1 : Il faut être disponible – Avant de commencer le travail, préparer le terrain.

Niveau 2 : Il faut savoir ce que l'on nous demande – Identifier les devoirs à faire, identifier l'objectif.

Niveau 3 : Il faut être sûr(e) de ce que l'on nous demande – Intérioriser l'objectif.

Niveau 4 : Il faut comprendre ce que l'on nous demande – Avoir l'assurance de ce qui est demandé. Tenir sa position.

Niveau 5 : Il faut avoir de quoi faire ce que l'on nous demande – Mobiliser ses connaissances.

Niveau 6 : Faire ce qui est demandé – Commencer le travail.

Niveau 7 : On trouve la méthode utilisée – Clarifier les moyens d'agir.

Niveau 8 : On vérifie que cette méthode est bonne – Agir en conscience.

Niveau 9 : On s'imagine utiliser cette méthode en contrôle – Préparer la réussite.

Reprenons le fil des échanges.

Après avoir nourri le ventre, pacifié le cœur, préparé l'esprit, nous posons la question : « As-tu des devoirs à faire ? ».

Le jeune est arrivé à nous dire ce qu'il devait faire.

– Tu m'as dit les devoirs à faire dans telle matière. Maintenant, pourrais-tu regarder l'énoncé (du premier exercice) pour me dire ensuite de tête ce que l'on te demande de faire ?

– Il y a … à faire.

– D'après toi, c'est ça ou non ?

– Oui.

– As-tu tout ce qu'il faut pour faire ce qui est demandé ou manque-t-il des choses qui te permettraient de faire ce qui est demandé ?

– Oui. / Maintenant oui. / Je verrai en faisant l'exercice.

Le jeune fait ce que l'énoncé du devoir exige de lui. Il nous montre ce qu'il a réussi à faire.

– D'après toi, c'est juste ou non ?

– Oui. / Maintenant oui. / Je ne sais pas.

– Comment sais-tu que c'est juste. / Comment as-tu trouvé cette réponse ?

– J'ai utilisé telle méthode.

– Comment pourrais-tu être sûr(e) que c'est la bonne méthode ?

Nous accédons au niveau 8, juste avant la ceinture noire !
Revenons sur ce qu'est une méthode, même si nous avons déjà abordé le sujet dans la section 7.1.1. *Faire surgir la méthode entre données et objectif*, et même si le sujet n'a pas été épuisé par le tome 4.
La méthode relie les données à l'objectif recherché.

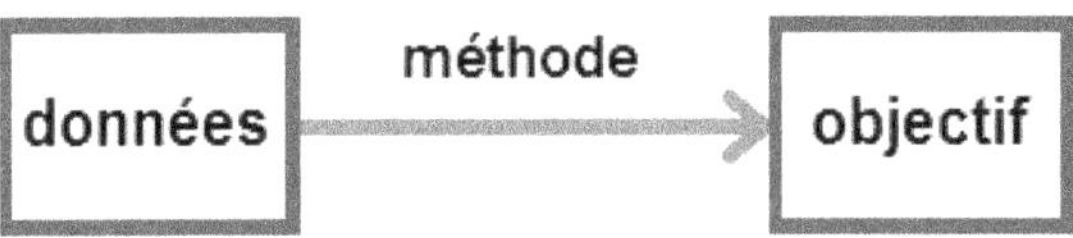

Pour vérifier que la méthode utilisée est la bonne :

① séparer l'objectif recherché des données : normalement, nous avons déjà travaillé aux niveaux 2 et 3 sur la clarification de l'objectif ;
② vérifier que les données de départ sont bien des faits et non des analyses ou des opinions personnelles ;
③ chercher dans nos connaissances ce qui relie ce type de données au type d'objectif recherché.

Revenons sur le ②. Les données sont apportées par les trois ex- : exercice, expérience, exemple. Une donnée est factuelle ou mesurable ou partageable : quelqu'un d'autre dirait la même chose, tandis qu'il ne partagerait pas obligatoirement la même opinion que nous.

Revenons sur le ③.
Le schéma plus haut illustre une situation de base, sans étapes intermédiaires ni processus en parallèle.

Plus il y a d'étapes intermédiaires entre les données initiales et l'objectif final, plus le problème à résoudre est complexe.

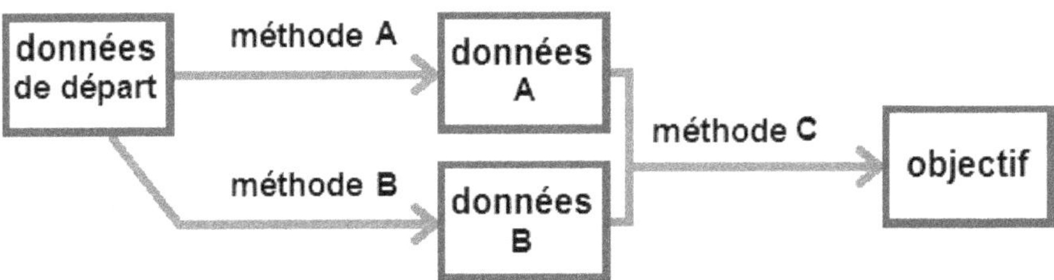

Plus il y a d'actions à mettre en parallèle, plus le problème à résoudre est complexe.

Complexe, et non compliqué : le complexe, c'est du compliqué rendu simple en montrant les différentes articulations entre les éléments constitutifs d'un ensemble.
Le travail c'est justement de rendre simples les choses compliquées.
L'art, c'est de faire simple. Faire compliqué est à la portée de n'importe quel abruti (c'est peut-être même à ça qu'on les reconnaît).

Exemples de méthodes qui relient données et objectif.

→ En français

Données : des phrases avec des participes passé.
Objectif : accorder les participes passé lorsque c'est nécessaire.
Méthode : règle d'accord des participes passé.

→ En histoire

Objectif : raconter la seconde guerre mondiale.
Données : ce qui répond aux questions quoi ? qui ?
Méthode : ordonner les évènements.

→ En maths

Méthode : théorème de Pythagore
Objectif : connaître la longueur d'un côté d'un triangle rectangle
Données : les deux autres côtés

→ En anglais

Objectif : réciter un texte à l'oral par cœur
Données : le texte à l'écrit
Méthode : dans la tête fabriquer tous les souvenirs, et pas forcément du par cœur, pour arriver à réciter ; utiliser tous les moyens possibles pour fabriquer les souvenirs, et pas que réciter par cœur ; s'imaginer en train de réciter, etc.

Trouver la méthode qui relie les données à un objectif fait l'objet du tome 4 de cette série, en montrant les secrets de l'espace-temps.

Alors comment savoir si c'est la « bonne » méthode ?

Elle doit relier les données à l'objectif.
Elle doit correspondre au niveau d'études du jeune.
Elle doit être faisable dans le temps imparti pour atteindre l'objectif.

Notion de temps imparti et de niveau

Exemple :
On demande au primaire de trouver combien fait
$1+2+3+4+5+6$.
L'enfant fait :
$1+2=3$
$3+3=6$
$6+4=10$
$10+5=15$
$15+6=21$

On demande en première de trouver combien fait
$1+2+3+4+5+6$
Le jeune fait :

$$
\begin{array}{ccc}
1 & 2 & 3 \\
+ & + & + \\
6 & 5 & 4 \\
\hline
7 + 7 + 7 & = & 21
\end{array}
$$

ce qui est beaucoup plus rapide. La méthode du primaire marche toujours mais est inadaptée au temps imparti.

Il faut donc choisir la méthode qui permet de relier les données à l'objectif dans le temps alloué à l'activité.
Cela prépare le niveau 9 qui prolonge ce niveau.

Niveau 9

On s'imagine utiliser cette méthode en contrôle

Préparer la réussite

Ceinture noire

Niveau 9

Niveau 1 : Il faut être disponible – Avant de commencer le travail, préparer le terrain.

Niveau 2 : Il faut savoir ce que l'on nous demande – Identifier les devoirs à faire, identifier l'objectif.

Niveau 3 : Il faut être sûr(e) de ce que l'on nous demande – Intérioriser l'objectif.

Niveau 4 : Il faut comprendre ce que l'on nous demande – Avoir l'assurance de ce qui est demandé. Tenir sa position.

Niveau 5 : Il faut avoir de quoi faire ce que l'on nous demande – Mobiliser ses connaissances.

Niveau 6 : Faire ce qui est demandé – Commencer le travail.

Niveau 7 : On trouve la méthode utilisée – Clarifier les moyens d'agir.

Niveau 8 : On vérifie que cette méthode est bonne – Agir en conscience.

Niveau 9 : On s'imagine utiliser cette méthode en contrôle – Préparer la réussite.

Reprenons le fil des échanges.

Après avoir nourri le ventre, pacifié le cœur, préparé l'esprit, nous posons la question : « As-tu des devoirs à faire ? ».

Le jeune est arrivé à nous dire ce qu'il devait faire.

– Tu m'as dit les devoirs à faire dans telle matière. Maintenant, pourrais-tu regarder l'énoncé (du premier exercice) pour me dire ensuite de tête ce que l'on te demande de faire ?

– Il y a … à faire.

– D'après toi, c'est ça ou non ?

– Oui.

– As-tu tout ce qu'il faut pour faire ce qui est demandé ou manque-t-il des choses qui te permettraient de faire ce qui est demandé ?

– Oui. / Maintenant oui. / Je verrai en faisant l'exercice.

Le jeune fait ce que l'énoncé du devoir exige de lui. Il nous montre ce qu'il a réussi à faire.

– D'après toi, c'est juste ou non ?

– Oui. / Maintenant oui. / Je ne sais pas.

– Comment sais-tu que c'est juste. / Comment as-tu trouvé cette réponse ?

– J'ai utilisé telle méthode.

– Comment pourrais-tu être sûr(e) que c'est la bonne méthode ?

– Car elle permet de relier ce que j'ai à ce que je cherche.

Les devoirs sont terminés ou le temps consacré à les faire est écoulé. Nous pourrions croire que c'est fini. Que nenni. Les devoirs ne font que préparer la correction et l'évaluation. Alors préparons-les !
Cette partie compte trois sous-parties :
– la première (9.1) examine le cas où c'est nous, l'adulte, le parent, l'accompagnant, qui manquons de temps pour finir les devoirs ;
– la seconde (9.2) examine le cas où c'est le jeune, l'enfant qui manque de temps ou bien se retrouve bloqué ;
– dans la troisième (9.3), nous avons fini les devoirs et tout est juste.

9.1. Manque de temps chez l'adulte

Nous pouvons nous retrouver au niveau 9 parce que nous manquons de temps pour finir les devoirs.
Cela peut sembler étrange de voir ce sujet abordé à la fin de l'ouvrage. Pourtant il s'agit bien d'une ceinture noire de patience, et d'habileté à gérer le stress de l'enfant sans compter le sien propre.

9.1.1. Finalité des devoirs : obligation de moyens, pas de résultat

Faire les devoirs, ce n'est pas trouver la réponse juste à l'exercice, ni savoir par cœur le vocabulaire demandé. Concernant les devoirs, il n'y a pas obligation de résultat, mais obligation de moyens. Le parent ou l'accompagnant n'est pas professeur. Il ne connaît pas la matière, ou ne l'enseigne pas. Si vous lisez ce livre, c'est que votre niveau de français est suffisant. Pourtant, sauriez-vous enseigner le français à une classe d'élèves ? **Savoir faire** est une chose, **faire savoir** en est une autre. Ce sont deux étapes distinctes du cycle d'apprentissage (voir niveau 2). Vous pouvez très bien dans le même temps avoir la technique suffisante, le savoir-faire, pour trouver la réponse à un exercice et être incapable d'expliquer comment vous avez fait : il vous manque le faire savoir, la capacité à partager l'information. C'est cette dernière qualité qui est requise pour devenir un bon enseignant. Et votre rôle de parent ou d'accompagnant n'est pas d'être enseignant, c'est celui d'être parent ou accompagnant.
À chacun son métier, les vaches seront bien gardées !

9.1.2. Chassez cette voleuse de culpabilité

Cessez donc de vous culpabiliser quand vous n'arrivez pas à enseigner telle ou telle matière à votre enfant, ou que vous êtes bloqués sur tel ou tel exercice : vous n'êtes pas enseignant ! La culpabilité est un luxe qui vous vole l'énergie dont vous avez tant besoin ailleurs.

Notre rôle d'accompagnant est de faire en sorte que dans un temps imparti vous mettrez tous les moyens pour que l'enfant avance dans la connaissance de lui-même ou des matières enseignées. Si vous n'avez pas trouvé la réponse à l'exercice, ou si le jeune ne connaît pas sa liste de vocabulaire, nous verrons par la suite comment faire. Car avant, une clarification s'impose pour les parents.

9.1.3. Proscrire la confusion des genres

Elle sera difficile dans une société confondant allègrement *nature* et *fonction*. Or ici cette distinction est capitale. Rappelons le sens des mots.

9.1.3.1. Nature et fonction

La *nature*, c'est ce que vous êtes. La *fonction*, c'est ce que vous faites. Vous pouvez être un homme ou une femme, c'est votre nature. Lorsque vous marchez dans la rue, vous êtes un piéton.

9.1.3.2. Nature : parent. Fonction : ça dépend

Face à votre enfant, votre *nature* sera toujours d'être un parent. Lorsque vous le conduisez quelque part, votre *fonction* c'est d'être chauffeur de taxi ! (*Une fonction insoupçonnée des jeunes parents qui la découvriront bien assez tôt !*) La fonction, c'est la casquette que vous portez.
Lorsque vous cuisinez pour votre enfant, vous avez la casquette de cuisinier, et parfois aussi le tablier…
Lorsque vous accompagnez les devoirs, votre nature demeure celle d'être un parent, un papa ou une maman, mais votre fonction se change en celle d'accompagnant. Vous enfilez votre casquette d'accompagnant.
Mais un accompagnant spécial, qui connaît des détails intimes de la vie de l'enfant, ses sujets de prédilection, ses passe-temps favoris, ses passions, ses goûts et ses préférences. Un champ immense dans lequel vous pourrez puiser des exemples pour l'accompagner.
Une conséquence absolue pour vous est de ne pas mélanger les genres. Limitons cette tendance à mélanger les genres par manque de temps ou souci d'efficacité. **Ne rappelez donc pas** qu'après les devoirs l'enfant devra ranger sa chambre, vous remettriez alors votre casquette de super intendant de la maisonnée et laisseriez de côté celle d'accompagnant ! Gardez pour un autre moment de rappeler à l'enfant qu'il n'a pas vidé le lave-vaisselle alors qu'il avait promis de le faire. C'est une confusion des genres funeste. Oui, nous pouvons mélanger les choses, mais pas n'importe comment.

9.1.3.3. Deux exemples sur comment mélanger

Je vous donne deux exemples sur le « n'importe comment », que vous pouvez utiliser avec votre enfant.

Premier exemple : les couleurs

Prenez de la peinture et mélangez indistinctement toutes les couleurs, vous obtiendrez un « caca d'oie ». Utilisez les couleurs avec discernement, vous aurez un merveilleux dessin comme celui d'un arc-en-ciel.

Mélangé n'importe comment, c'est le caca d'oie. Mélangé avec discernement, c'est l'arc-en-ciel.

Second exemple : les plats

Si besoin était, un exemple culinaire. Dans un repas, nous pouvons trouver un hors-d'œuvre, un plat de résistance avec un accompagnement, un dessert, et pourquoi pas du fromage. Nous n'avons pas mélangé les genres. Maintenant prenez toute cette nourriture et mixez-la copieusement. Vous obtiendrez une bouillie infâme. Bon appétit ![77]

9.1.3.4. Il est difficile pour l'enfant de distinguer les genres

Si vous avez trouvé difficile de distinguer les genres, vous comprendrez combien cela peut l'être pour l'enfant. Il s'interroge. Qui a-t-il en face de lui ou à ses côtés : Papa/Maman, un prof, un accompagnant ?…

Le rôle à éviter à tout prix, la casquette à ne pas mettre sans risquer gros, la fonction à proscrire, c'est celle de prof. Même, et surtout, si vous êtes enseignant, gardez cette casquette pour vos élèves en classe. À la maison, vous êtes avant tout un parent, avec éventuellement une casquette d'accompagnant.

Si vous portez la casquette de prof alors que ni vous ni l'enfant n'êtes en cours, cette casquette deviendra un obstacle ou une excuse.

Le parent fait le prof : un obstacle pour l'enfant

Un obstacle lorsque l'enfant se braque, à juste titre ici. Il a déjà eu droit à un cours. Il n'en veut plus. Il n'en peut plus. A-t-il vraiment besoin d'un peu plus la même chose, ou d'autre chose ?

S'il n'a pas compris le cours et que vous le lui répétez sans qu'il en ait

---

77 En noématique, nous dirons que l'*espace* est le même mais le *temps* est différent. Les composants de ces deux exemples, les couleurs ou les plats, sont bien les mêmes. C'est leur agencement, du *temps*, qui distingue les cas de figure (caca d'oie – arc en ciel, plats – bouillie). Sur ces notions d'espace et de temps, cf. les tomes précédents de cette série.

exprimé le besoin[78], que va-t-il penser de lui-même ? Plus on m'explique en me répétant la même chose et plus je suis perdu : je dois être vraiment idiot !

Et vous, vous risquez de devenir marteau en imaginant que c'est à force de répéter le cours qu'il va s'instiller en votre enfant comme un clou qui s'enfonce dans sa tête.

Alors avant de répéter quoi que ce soit, demandez-lui ce dont il a besoin. Et s'il a besoin de répétition, demandez-lui s'il veut que vous répétiez à l'identique ou d'une autre façon.

Le parent fait le prof : une excuse pour l'enfant

Une excuse lorsque l'enfant vous admire faire le prof, en réalité, travailler à sa place. Vous avez compris le cours, bravo ! Vous avez ses félicitations. Mais lui n'a toujours rien fait. Il n'est toujours pas actif, il n'est pas acteur de son apprentissage.

Et comme dans le cas de l'obstacle, l'enfant peut se réfugier derrière une soi-disant stupidité : malgré les explications de son prof, et les vôtres comme second prof, il ne comprend toujours pas. C'est bien la preuve qu'il ne peut pas y arriver : une excuse en or qui sacrifiera sa confiance en lui, victime en réalité du manque de méthode.

L'accompagnement : un temps précieux et irremplaçable

Accompagner, ce n'est pas faire à la place. Ni en apportant les réponses, ni en soufflant les définitions qui lui manque. L'enfant ne connaît pas une définition qu'il devrait connaître ? Demandez-lui ce dont il a besoin. Qu'il redevienne véritablement acteur de son apprentissage.

Et cela, vous pourrez le faire en accompagnement : le travail en classe, c'est autre chose. En classe, nous apprenons à travailler ensemble, où les forces et les faiblesses de chacun aident tout le monde. Qu'un élève pose une question, et c'est toute la classe qui va bénéficier de la réponse, apportée par le professeur ou par d'autres élèves forts en la matière. Qu'un élève rencontre une difficulté qu'il exprime, et c'est toute la classe qui va réfléchir ensemble à comment surmonter la difficulté rencontrée par l'un de ses membres.

En accompagnement, l'enfant apprend à travailler seul, à savoir compter sur ses propres forces. La finalité des devoirs est de développer sa propre force, et non de trouver les réponses à un exercice.

Trouver la réponse à une question précise ne sert que pour l'exercice.

Développer sa propre force sert toute la vie.

---

78 Voir la question de l'autonomie, la prise « cacahuète ».

Résumons.
Le temps imparti aux devoirs touche à sa fin. L'enfant n'a pas trouvé les réponses demandées, n'a pas fini d'apprendre sa poésie, sa table de multiplication, sa leçon, etc.. Nous croyons que n'avons pas fait notre travail : c'est faux. Nous avons passé du temps à entraîner l'enfant. Oui, cet entraînement est insuffisant à ce point précis. Mais n'y aura-t-il pas d'autres moments pour s'entraîner ?...
Si nous avons sollicité la pensée de l'enfant, notamment (j'insiste) avec le protocole de séparation dans l'espace, que de bonne foi il a fourni des efforts, voire qu'il a fait de son mieux, le fait de trouver la réponse ou « finir les devoirs » est accessoire. Vous avez, lui et vous, mis tous les moyens en œuvre pour y arriver. Le temps des devoirs est terminé. Alors ça s'arrête là ? Surtout pas ! Il y a la correction. Où justement le prof va montrer comment il fallait s'y prendre pour trouver la « bonne » réponse, ou la « bonne » façon pour mémoriser la poésie, les tables, la leçon, etc., ou la « bonne » façon pour comprendre telle ou telle notion. C'est la **piste de la correction** plus bas (9.2. *Blocage – Piste de la correction*).
De votre côté, n'hésitez pas à informer l'enseignant du temps que vous avez passé avec l'enfant à « faire les devoirs » :

Madame, Monsieur,
Même si (*prénom de l'élève*) n'a pas trouvé la (les) réponse(s) à l'exercice, ou ne connaît pas sa poésie ou ses tables, nous avons passé … heure/minutes à travailler dessus.
Nous voulions vous le faire savoir.
Si vous avez des pistes pédagogiques à nous proposer, nous sommes preneurs.
Bien à vous.
Les parents / l'accompagnant

9.2. Blocage – Piste de la correction

Le jeune est bloqué dans le travail et nous n'avons pas la possibilité de finir le travail demandé : nous ne savons pas comment faire, le temps nous manque, nous n'avons plus d'énergie...
Ou le jeune doit impérativement passé à une autre activité : le temps alloué à l'accompagnement ou aux devoirs est terminé.
Que faire ?

Dans tous les cas, rappelons le rôle de la correction.
« Quand vous ferez la correction en classe, tu pourras bien suivre (en te fabriquant des souvenirs) pour que tu saches faire cette question à l'avenir, au contrôle,... »
Nous invitons le jeune à solliciter toute son intelligence lors de la

correction.

En tant que parent ou accompagnant, nous ne pouvons pas toujours répondre aux questions ou aux difficultés rencontrées par le jeune dans son travail scolaire. L'enseignant non plus : il peut arriver que l'élève pose une question de façon inopportune alors que toute la classe est plongée dans une autre activité.

Que ce soit par manque de temps, d'énergie, de moyens ou de connaissance, ce n'est pas forcément à l'accompagnant de répondre aux questions à la place de l'élève. Alors, nous renseignons l'élève sur le travail qu'il aura à faire. Nous pouvons même lui demander qu'il revienne, après la correction, nous expliquer comment il fallait faire pour trouver la réponse, de tête bien sûr…

Ici, il s'agit de rappeler le premier travail de l'élève : « se fabriquer des souvenirs du cours ». Avec une partie bien précise du cours : la correction. Donnons quelques pistes face à un exercice, quelque chose à mémoriser ou quelque chose à comprendre.

Face à un exercice

L'enfant n'a pas réussi à trouver la réponse à un type d'exercices ? Très bien, sa mission sera de récupérer des infos pour qu'il puisse :
– soit vous expliquer comment il fallait faire (il bascule alors dans le *faire savoir* du cycle d'apprentissage) ;
– soit vous montrer, sans obligatoirement vous l'expliquer, qu'il sait faire telle ou telle chose.

Face à quelque chose à mémoriser

Pour la mémorisation, des poésies, des tables, des leçons, ce sera la même chose : sa mission en classe sera de glaner des méthodes sur comment mémoriser, comment elle ou lui pourrait faire pour mémoriser.

Face à quelque chose à comprendre

Pour la compréhension, même chose : la mission de l'élève est de découvrir ce qui lui a permis de comprendre, et là nous retrouvons les 32 éléments de base de la pensée (voir le livre au titre similaire) :
- faire soi-même (*posture d'acteur*), être en présence qui le fait (*posture de spectateur*), le faire faire à quelqu'un (*posture de metteur en scène*) ;
- quelque chose d'écrit ou de raconter à l'oral, un schéma, un dessin, quelque chose en papier découpé, un objet, une figurine, un être vivant ; (*les sept niveaux de compréhension*) ;
- la vue d'ensemble (*espace*), les détails (*temps*), son ressenti musculaire ou corporel (*appui corporel*) ;
- le fait de voir mentalement (*évocation visuelle*), ou de se parler

mentalement (*évocation verbale*), ou de se donner des sons mentalement (*évocation auditive*) ;
- une anecdote, une définition, un soupçon de logique, une pointe d'imagination (*les quatre paramètres*) ;
- être attentionné(e), prendre soin (*geste d'attention*), s'imaginer ailleurs et à un autre moment (*geste de mémorisation*), comparer avec sa propre histoire, son propre vécu (*geste de compréhension*), comparer avec une loi, une règle (*geste de réflexion*), prolonger, détourner, bricoler (*geste d'imagination*) ;
- écrire, parler, bouger, peindre ou dessiner, chanter ou jouer de la musique, modeler ou sculpter ou faire de la cuisine ou du jardinage (*les six natures de production*) ;
- disposer d'un but (*objectif*).

Maintenant que le jeune sait ce qu'il peut chercher voire trouver en classe, nous pouvons lui (re)dire :
« Quand vous ferez la correction en classe, tu pourras bien suivre (en te fabriquant des souvenirs) pour trouver s'il y a des choses qui manquent dans ce que tu as fait et que tu sauras refaire en contrôle. »

Savoir que l'école permet de découvrir des choses sur soi change la vie.

9.3. Piste de l'avenir – C'est fini, tout est juste

Terminons par le cas où le jeune vient de finir son travail, et tout est juste. Le piège serait de terminer ici, car un jour le contrôle arrivera et tant pis si les souvenirs sont partis. Aussi il faut vérifier la qualité de ses souvenirs[79]. Pour cela, une pratique simple et efficace (encore une autre) : **refaire de mémoire l'exercice avec seulement l'énoncé sous les yeux**.
Reprenons. L'exercice pourrait tomber au contrôle. Le contrôle est-il maintenant ? Non. Si nous ne savons pas le refaire maintenant alors que nous venons de le terminer, quelles sont nos chances de savoir le refaire plus tard ?
Nous allons donc le refaire. Mais au contrôle, nous ne disposerons que de nos souvenirs. Alors vérifions si nos souvenirs sont de bonne qualité. Comment ? En cachant ce que nous venons de faire et en gardant sous les yeux l'énoncé.
Il ne s'agit pas de mémoriser tous les détails, mais de retrouver le chemin

---

79 Troisième phase de la mémorisation : cf. tome 2.

parcouru pour faire cette activité, cet exercice, ce travail. Et si nous avons un trou de mémoire, nos notes sont juste là cachées, il suffit de les regarder de nouveau.

Nous pouvons rencontrer plusieurs possibilités.

① Nous doutons sur certains passages, nous repérons des erreurs.
→ Même en relisant nos notes, le doute subsiste, l'erreur se maintient. L'enjeu est de ne plus douter en contrôle, ni de se tromper.
Signalons le passage douteux dans la marge, entourons l'erreur et donnons-nous l'objectif de trouver une réponse claire lors de la correction : c'est la piste 9.2. *Blocage – Piste de la correction.*
→ En relisant nos notes, peut-être même à l'aide de la leçon, le doute se dissipe, l'erreur se corrige. Nous recommençons à refaire l'exercice de mémoire jusqu'à ce qu'il n'y ait plus l'ombre d'un doute (voir niveau 6).
② Nous arrivons à refaire l'exercice de tête. Nous pouvons être satisfaits. L'accompagnant, ou nous-même si nous travaillons seul, peut dire : « Tu viens de réussir ton entraînement, ton exercice. Pourrais-tu imaginer le refaire juste lors du contrôle, du match ? » Car mémoriser c'est non seulement fabriquer un souvenir (c'est fait) mais aussi donner un avenir à ce souvenir (c'est à faire).
Donner un avenir à son souvenir, cela peut être s'imaginer en contrôle en train de s'en rappeler. Et là le nom des exercices peut aider.

Nommes les exercices

Qu'est-il plus facile de se rappeler : « exercice 3 page 47 » ou « exercice de la tarte au pommes » ?
Pour faciliter la mémoire, nommons les exercices et les activités que nous faisons. Ici, l'imagination de chacun peut s'en donner à cœur joie. Le nom que nous attribuons à ce que nous voulons mémoriser sera à notre seul usage personnel. Lorsque nous aurons besoin de nous souvenir, il sera là pour nous aider. Nous ne l'écrirons pas sur la copie, ni le dirons à l'oral. Liberté totale !
Alors si en faisant l'exercice 3 page 47 à la maison nous avions pris au goûter une succulente tarte aux pommes, pourquoi ne pas le nommer « exercice de la tarte aux pommes » ? Surtout qu'il y a toujours un peu de sucre sur la page…

Mémoriser c'est savoir faire vivre dans un *ailleurs* et un *ultérieur* ce que nous vivons *ici* et *maintenant.*
Alors, comment ouvrir l'imaginaire d'avenir, secret de la mémorisation ?
Sommes-nous l'enseignant du jeune ? Non, et même si c'était le cas, nous ne lui donnerions pas les questions du contrôle.
Il peut malgré la bonne volonté du jeune et la nôtre subsister des erreurs

dans les devoirs. Il faudra donc vérifier que ce que nous avons fait est bien *complet*, c'est-à-dire qui permet d'atteindre l'objectif demandé en contrôle ou en match, etc.

Il peut également surgir des doutes lors de la correction en classe. Il s'agira alors de les dissiper.

Le jeune peut être satisfait d'avoir fini ses devoirs (et nous aussi !), mais cela ne doit pas l'empêcher de garder l'esprit ouvert pour tout ce qu'il ignore encore (et le propre des ignorants c'est d'ignorer leur ignorance !).

Aussi, gardons ouvert l'imaginaire d'avenir avec cette formulation :
« Quand vous ferez la correction en classe, tu pourras bien suivre… pour trouver s'il y a des choses qui manquent dans ce que tu as fait et que tu sauras refaire en contrôle. Et ce contrôle, tu le réussiras. Car je le sais, tu y arriveras. »

Et comment le savons-nous ?
C'est que nous sommes persuadés de l'intelligence de l'autre.

ACCOMPAGNER LES DEVOIRS

Dépôt légal : novembre 2022